大众游泳

DAZHONG YOUYONG

喻雪莲 **主编**

四川大学出版社
SICHUAN UNIVERSITY PRESS

图书在版编目（CIP）数据

大众游泳 / 喻雪莲主编 . — 成都 : 四川大学出版
社，2024.3
ISBN 978-7-5690-6223-6

Ⅰ . ①大… Ⅱ . ①喻… Ⅲ . ①游泳－普及读物 Ⅳ .
① G861.1-49

中国国家版本馆 CIP 数据核字（2023）第 134808 号

书　　名：大众游泳
　　　　　Dazhong Youyong
主　　编：喻雪莲

选题策划：蒋姗姗
责任编辑：蒋姗姗
责任校对：袁霁野
装帧设计：墨创文化
责任印制：王　炜

出版发行：四川大学出版社有限责任公司
　　　　　地址：成都市一环路南一段 24 号（610065）
　　　　　电话：（028）85408311（发行部）、85400276（总编室）
　　　　　电子邮箱：scupress@vip.163.com
　　　　　网址：https://press.scu.edu.cn
印前制作：四川胜翔数码印务设计有限公司
印刷装订：成都市新都华兴印务有限公司

成品尺寸：185 mm×260 mm
印　　张：13.75
字　　数：312 千字

版　　次：2024 年 6 月 第 1 版
印　　次：2024 年 6 月 第 1 次印刷
定　　价：48.00 元

扫码获取数字资源

四川大学出版社
微信公众号

前　言

迈进新时代，游泳运动已经从竞技赛场逐渐走入普通大众的生活，成为备受喜欢的运动健身项目之一。随之而来的是水上新型运动项目的蓬勃发展，水上运动得到大众的追捧与喜爱，参与人群也极为广泛，婴儿、幼儿、青少年、老年人、孕妇、残疾人等都可以选择合适的水上运动项目进行体育锻炼，在水环境下树立"享受乐趣、增强体质、健全人格、锤炼意志"的终身体育锻炼价值观。

"大众游泳"视频课已登录中国慕课、学堂在线、超多尔雅、学银等教育学习平台，为热爱游泳、热爱水上项目、热爱体育运动的大众提供了学习交流的舞台。据学习平台统计，截至目前，"大众游泳"已有近500所院校、超6万人注册学习，线上浏览量上百万，这充分体现出"大众游泳"是符合当前大众需求的线上学习教程。

本教材编写的出发点是满足大众对水上运动项目学习与锻炼的诉求，满足适应网络信息时代下自主化学习与教育的要求，满足"大众游泳"线上与线下"虚与实"有机结合的教学需求。其目的是为广大人民群众提供内容更为全面、丰富、易学易懂的课程教材，让更多的人"零门槛"接触与学习水上运动项目理论，帮助体育爱好者掌握水上运动项目实践技能，也是对全民参与、全民健身、全民运动的社会主义"健康中国"伟大战略的积极响应。

聚沙成塔，集腋成裘，集小流终成江河。本书是水上运动各个项目的专家、学科教师与一线教练们多年来潜心研究的心血汇集而成的智慧结晶。他们是：第一章至第二章，喻雪莲（四川师范大学）；第三章，邢崇智（四川师范大学）；第四章，刘琴（成都市树德中学）；第五章，李俊良、汤国艳（四川交通职业技术学院）；第六章至第八章，蓝怡（成都体育学院）；第九章，李舒薇（成都体育学院）；第十章，何娅（四川体育职业学院）；第十一章，黄利（成都市礼仪职业中学校）；第十二章，蒋承艺（华川中学校）；第十三章，熊若熙（四川大学研究生）；第十四章，刘杨俊（成都中医药大学）；第十五章，孟祥龙（成都文理学院）；第十六章，王一森（成都巴布游泳＆水下曲棍球俱乐部）、杨科（成都锦城学院）；第十七章，张恒君（成都优动体育文化传播有限公司）；第十八章，黄泽江（四川师范大学）。

诚挚感谢在编写过程中，四川游泳协会、四川省水球协会、成都市铁人三项协会、成都市潜水运动协会、成都巴布载道全能水上运动中心给予的大力支持和协助。感谢在本次教材编写过程中提供理论帮助与支持的国内外的专家与学者！

由于编者水平有限，书中难免有不足之处，恳请同行及广大读者批评指正。

《大众游泳》编写组
2023 年 5 月

目　录

第一章　入门基本知识

【章节导入】

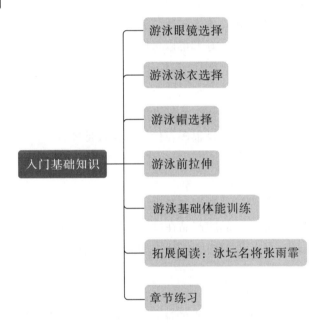

【学习目标】

1. 通过教学加深学生对游泳运动的认识，激发学生对游泳的学习兴趣；
2. 通过教学使学生了解游泳器材选择的基本知识；
3. 通过教学培养学生竞争、向上的体育精神。

游泳眼镜选择

第一节　游泳眼镜选择

泳镜是所有泳具里面的重点，一定要根据自己的需求进行选择。泳镜基本上可以分为竞技型泳镜、训练型泳镜、舒适型泳镜、特殊需求泳镜和儿童型泳镜。判断泳镜是否合适的标准是：基本上不带镜带然后睁大眼睛，把泳镜贴在眼框上。如果泳镜不掉，那么这只泳镜就是适合的。

一、竞技型

专业运动员为了在比赛时追求更快的速度，其佩戴的泳镜要更多地考虑线条和减少水流阻力设计，因此竞技型泳镜会做得体积稍小，舒适度也并不高。同时，竞技型泳镜的价格非常昂贵，不太建议一般爱好者选购。

二、训练型

训练型泳镜是指运动员和爱好者们长时间进行游泳训练的时候佩戴的泳镜。在减小阻力的设计方面，训练型泳镜相比于平时佩戴的舒适型泳镜有一定的优势，在价格上相比于竞技型泳镜更低一些，游泳爱好者可以考虑选购。

三、舒适型

舒适型泳镜是最普遍也最适合初级爱好者佩戴的泳镜，有很好的舒适度，适合游泳戏水的时候佩戴，而且在款式上选择很多，价格也比较低廉。

四、特殊型

特殊需求泳镜基本上分为近视泳镜和遮光泳镜。在选购近视泳镜的时候建议根据自己的能力选购大品牌的产品，大品牌产品在度数的准确性上更有保证。而对于喜欢户外游泳的朋友们来说，遮光泳镜上的镀膜能减少阳光对眼睛的刺激。

五、儿童型

对于儿童来说，一副舒适、不漏水的泳镜在学习游泳的时候能起到很好的帮助作用，而且随着孩子的成长可以通过更换鼻扣来调节其大小。

游泳泳衣选择

第二节 游泳泳衣选择

泳衣是游泳时最重要的装备之一，一件穿着舒适、设计新颖的泳衣能让人在泳池中变得更加自信。运动员们在比赛时通常身着竞技泳衣，我们熟悉的"鲨鱼皮"就是其中一款。在平时的游泳活动中，训练型泳衣无疑是最好的选择，紧身设计的泳衣适合于游泳运动，花纹的设计也不会让泳衣看起来太过单调。而在海边戏水时，休闲款的泳衣宽松舒适，众多的款式设计中总有一款是你喜欢的。当然，也不能忘了给孩子们买上一款合适的儿童泳衣。穿着漂亮的衣服，孩子们学习游泳的兴趣也会更浓。

一、竞技型泳衣

说到竞技型泳衣，最为出名的大概就是 Speedo 公司生产的"鲨鱼皮"泳衣了。当年菲尔普斯便是身着这款泳衣在奥运赛场上连夺数枚金牌。"鲨鱼皮"泳衣的仿生结构模仿鲨鱼皮肤，能有效地减小阻力，提高游速 3%～7%。在 2008 年以后，国际泳联对比赛的泳衣做出了限制，现在比赛时选手们穿着的泳衣已经没有那么大的助力了。竞技型泳衣的价格往往也十分高昂，并且使用寿命很短。从舒适度的角度来说，竞技型泳衣也并不适合长时间的穿着。因此，竞技型泳衣对于普通爱好者来说并不是个合适的选择。

二、训练型泳衣

训练型泳衣对于游泳爱好者来说一个不错的选择。这一类型的泳衣设计适合游泳运动，但不会像竞技型泳衣那样缺乏舒适度，对游泳锻炼来说是不错的选择。相比于休闲型泳衣，在面料的使用和贴合性上，训练型泳衣都更好。

三、休闲型泳衣

所谓休闲型泳衣，也可以称为民用型泳衣。在设计上，男士款一般都较为宽松，女士款则有连体式和分体式两个类别。休闲型泳衣款式设计较为多样，选择很多。在舒适性上与训练型泳衣各有高下，作为戏水时的穿着还是很不错的。但是如果想认真进行游泳训练，还是推荐选择一款合适的训练型泳衣。

四、儿童泳衣

儿童泳衣的选择其实较为简单，孩子喜欢的就可以，如连体泳衣就是一个不错的选择。但是要尽量避免选择比基尼款式或防晒服、潜水服。比基尼无法像连体泳衣那样在孩子佩戴浮漂之类辅助器械时防止带子和皮肤的摩擦。较厚的防晒服和潜水服虽然一定程度上能帮助孩子保持体温，但上岸后并不舒服，过厚的材质还会影响孩子的体感。

游泳帽选择

第三节　游泳帽选择

现在所有的游泳馆都要求佩戴泳帽然后才能下水，所以泳帽也变成了游泳器材中的必需品。专业游泳运动员在比赛时为了追求最小的阻力，通常会配搭两层泳帽。泳帽的分类大概有三种：胶质泳帽、胶布泳帽和布泳帽。

一、胶质泳帽

胶质泳帽的优点就是防水，贴合头型，弹性大，阻力小。在比赛时，选手们都会选择胶质泳帽，但是胶质泳帽在舒适度上相比于胶布泳帽和布泳帽有一定的差距。

二、胶布泳帽

胶布泳帽是指在布帽外边做了涂胶处理的泳帽，相比于布泳帽有更好的伸缩性，佩戴起来比胶质泳帽更为舒适。但是胶布泳帽的头型的贴合性没有胶质泳帽好，可以作为游泳训练时的选择。

三、布泳帽

布泳帽可以说最适合初学者使用，款式多样，佩戴舒适，长时间佩戴也不会有勒的感觉。并且相比于其他两种帽子，布泳帽的价格更为低廉。

游泳前拉伸
和入门基本姿势

第四节　游泳前拉伸

经常可以看到，游泳者不做拉伸就直接跳下水去游泳。虽然这样做也没什么直接风险，但是这与科学健身的方式背道而驰。本节课将介绍一套比较好的泳前拉伸方法给大家。

一、颈部热身

颈部热身会让全身经络的通畅，保护颈部肌肉不受伤，使颈部更加灵活。运动前需要进行颈部的热身运动，颈部热身 4 步教法如下。

第一步骤，左侧伸展：双脚打开，与肩同宽，左手放置右耳并轻微施加压力，停留 20s。

第二步骤，右侧伸展：右手放置左耳并轻微施加压力，停留 20s。

第三步骤，后侧伸展：右手放置后脑勺并轻微施加压力，将头部向下压，停留 20s。

第四步骤，前侧伸展：头部向上仰，停留 20s。

二、肩部绕环

肩部绕环主要能放松肩颈以及手臂，以便于下水后提高手的灵活度以及防止抽筋。

肩部绕环 3 步教法如下。

第一步骤，准备动作：双脚打开与肩同宽，双手向上伸直预备。

第二步骤，左侧绕圈：身体向左边旋转，左手向右边绕圈，右手向左边绕圈，同时进行，画 10 圈。

第三步骤，右侧绕圈：身体向右边旋转，右手向左边绕圈，左手向右边绕圈，同时进行，画 10 圈。

三、上臂拉伸

上臂拉伸主要使手腕与前臂肌群放松。上臂拉伸 2 步教法如下。

第一步骤，左臂拉伸：将左手臂放在右手臂上，弯曲左手给予右手臂向身体方向施加压力，停留 20s。

第二步骤，右臂拉伸：将左手臂放在右手臂上，弯曲右手给予左手臂向身体方向施加压力，停留 20s。

四、前弓步

前弓步是一个下半身的热身动作，除了能放松腿部肌肉外，还能强化股二头、股四头、臀大肌等肌群，是热身或加强肌肉力量非常有效的动作。前弓步 2 步教法如下。

第一步骤，左腿拉伸：右脚呈 90° 在前，左脚向后伸直，双手置于右膝上方，停留 20s。

第二步骤，右腿拉伸：左脚呈 90° 在前，右脚向后伸直，双手置于左膝上方，停留 20s。

五、脊背拉伸

脊背拉伸除了能拉伸背部肌群外，还能矫正驼背、脊椎侧弯等不良体态，通过左右手沿着身体两侧向上延伸，带动左右两侧腰部的肌肉，使肌肉得到拉伸。脊背拉伸 3 步教法如下。

第一步骤，准备动作：双脚打开与肩同宽，双手手指交叉向上伸直预备。

第二步骤，向左弯曲：身体向上延伸，往左弯曲，停留 20s。

第三步骤，向右弯曲：身体向上延伸，往右弯曲，停留 20s。

六、腰部热身

腰部热身除了能放松腰部肌群外，还能减轻腰酸背痛、因久站所带来的疲劳，是非常有效的热身或放松动作。腰部热身 2 步教法如下。

第一步骤，左边画圈：腰部向左边绕圈画圆，画 20 圈。

第二步骤，右边画圈：腰部向右边绕圈画圆，画 20 圈。

七、小腿拉伸

小腿拉伸除了能放松腿部肌肉外，还能强化小腿肌群，是加强肌肉力量非常有效的动作。小腿拉伸 3 步教法如下。

第一步骤，准备动作：双手打开与肩同宽，上半身与双手呈 90°趴下预备。

第二步骤，右腿拉伸：左脚钩至右脚脚踝，右脚脚跟完全踩踏于地面，停留 20s。

第三步骤，左腿拉伸：右脚钩至左脚脚踝，左脚脚跟完全踩踏于地面，停留 20s。

八、左右分腿

左右分腿除了能放松腿部肌肉外，还能强化股二头肌、股四头肌、臀大肌等肌群。左右分腿 2 步教法如下。

第一步骤，左腿拉伸：双脚打开，呈"V"形，双手向左脚延伸，上半身随之趴下，停留 20s。

第二步骤，右腿拉伸：双脚打开，呈"V"形，双手向右脚延伸，上半身随之趴下，停留 20s。

九、侧弓步

侧弓步可以放松腿部肌肉外，还能强化股二头肌、股四头肌、臀大肌等肌群。侧弓步 2 步教法如下。

第一步骤，右腿拉伸：左脚蹲下，右脚向右侧伸直，停留 20s。

第二步骤，左腿拉伸：右脚蹲下，左脚向左侧伸直，停留 20s。

第五节　游泳基础体能训练

一、动作名称：行进间抱膝走

功能：伸展臀部。

二、动作步骤

行进间抱膝走动作步骤如下：

站姿，身体放松向前行走，走 2 步双手抱住左膝盖，并往上提，然后放下；

同样节奏，走 2 步双手抱住右膝盖，并往上提，然后放下；

同样的节奏，重复以上动作。

三、动作要点

行进间抱膝走运动要点包括：身体保持正直；尽量将膝关节提高；控制好节奏。

四、练习次数

以上为一个完整动作，向前行走 15~20m，往返 2 组。

拓展阅读 　　　　　　　　　　**泳坛名将张雨霏**

张雨霏，江苏徐州人，1998 年 4 月 19 日出生，中国游泳队选手。

2012 年 11 月，张雨霏首次代表中国参加短池游泳世界杯，在北京站就斩获一银一铜。

2015 年 8 月，张雨霏夺得喀山游泳世锦赛女子 200 米蝶泳铜牌，打破女子青年世界纪录。

2018 年 8 月，张雨霏参加雅加达亚运会游泳项目女子 100 米蝶泳获得银牌；女子 200 米蝶泳获得金牌；男女混合 4×100 米混合泳接力获得金牌，并且打破赛会纪录。

2019 年 3 月，在全国游泳冠军赛暨世锦赛选拔赛，张雨霏 50 米蝶泳、100 米蝶泳和 200 米蝶泳三个项目达到国际泳联制定的 A 标。

2019 年 10 月 19 日，张雨霏夺得军运会女子 4×100 米混合泳接力金牌。10 月 23 日，杨浚瑄、张雨涵、张雨霏、王简嘉禾搭档参加了军运会女子 4×200 米自由泳接力，最终以 7 分 57 秒 06 成绩获得冠军。

2020 年 9 月 30 日，张雨霏夺得全国游泳冠军赛女子 100 米蝶泳冠军。

2021 年 7 月 29 日，在东京奥运会游泳女子 200 米蝶泳决赛中，张雨霏以 2 分 03 秒 86 的成绩获得冠军，并创造的新奥运会纪录。由杨浚瑄、汤慕涵、张雨霏、李冰洁组成的中国女子 4×200 米自由泳接力队以 7 分 40 秒 33 的成绩夺冠，并创造了新的世界纪录。

【章节练习】

考试题型：分为单选题 3 道、多选题 5 道、判断题 5 道、讨论题 1 道。

一、单选题

1. 游泳爱好者应该选择什么泳衣？（　　　）

　　A. 竞技泳衣　　　　B. 训练泳衣　　　　C. 休闲泳衣　　　　D. 儿童泳衣

2. 运动员和爱好者们长时间进行游泳训练的时候佩戴的泳镜可以选择（　　）

    A. 竞技型　　　　　B. 训练型　　　　　C. 舒适型　　　　　D. 特殊需求泳镜

3. 在什么情况下应该戴泳帽？（　　）

    A. 在比赛时　　　　　　　　　　　B. 在公共泳池游泳时

    C. 在上课时　　　　　　　　　　　D. 以上都应该戴泳帽

二、多选题

1. 泳衣一般采用什么材料？（　　）

    A. 涤纶　　　　　　B. 氨纶　　　　　　C. 帆布　　　　　　D. 杜邦莱卡

2. 泳镜基本上可以分为哪几种类型？（　　）

    A. 竞技型泳镜　　　　　　　　　　B. 训练型泳镜

    C. 舒适型泳镜　　　　　　　　　　D. 特殊需求泳镜和儿童泳镜

3. 游泳时泳镜里总是起雾看不清怎么办？（　　）

    A. 使用专业的防雾喷剂　　　　　　B. 用唾液进行擦拭

    C. 事先用鸡蛋清擦拭　　　　　　　D. 用沐浴露或洗发液擦拭

4. 泳帽的作用有哪些？（　　）

    A. 防止掉头发，弄脏池水，保持池水卫生，游泳的时候防止手缠到头发

    B. 戴泳帽之后阻力小

    C. 塑胶的泳帽，可以防止头发和池水过多地接触

    D. 游泳时戴泳帽是一种基本配备，也是一种基本的礼貌

    E. 冬天能保温，对头部能起很好的保温作用

5. 游泳时，佩戴泳帽有什么作用？（　　）

    A. 保持泳池用水卫生　　　　　　　B. 减小阻力

    C. 避免耳朵进水　　　　　　　　　D. 保温作用

三、判断题

1. 游泳比赛对于泳衣没有限制。　　　　　　　　　　　　　　　　（　　）

2. 正规比赛可以穿三点式泳衣。　　　　　　　　　　　　　　　　（　　）

3. 一件好的泳衣对最终成绩有影响。　　　　　　　　　　　　　　（　　）

4. 在游泳时长时间不佩戴泳镜游泳，会对眼睛造成伤害。　　　　　（　　）

5. 患有中低度近视的同学选择泳镜时最好选择舒适型泳镜。　　　　（　　）

四、讨论题

潜水镜与泳镜有什么区别？

第二章　熟悉水性

【章节导入】

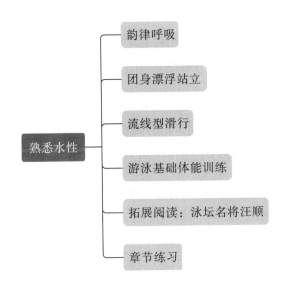

熟悉水性
- 韵律呼吸
- 团身漂浮站立
- 流线型滑行
- 游泳基础体能训练
- 拓展阅读：泳坛名将汪顺
- 章节练习

【学习目标】

1. 通过教学使学生对游泳水性有更深的认识，激发学生对游泳的学习兴趣；
2. 通过教学使学生了解游泳水性、韵律呼吸、漂浮与滑行的重要性；
3. 通过教学使学生感受竞争、向上的体育精神。

韵律呼吸

第一节　韵律呼吸

一、教学动作讲解

一吸：吸气时，张大嘴巴快而猛地吸气，把气吸到胸腔里，此时胸腔会鼓起。

二憋：憋气时，鼻子与嘴巴都不能漏气，嘴巴、鼻子、眼睛、耳朵依次埋入水中，动作的标准是耳朵全在水下。

三吐气：吐气时，嘴巴像金鱼一样嘟起来向外吐气，慢吐—快吐—暴吐，发"不"的音，下巴离开水面 10cm 时发"怕"音。

二、教学重点与难点

教学重点：大嘴主动吸气，憋气不能漏气。

教学难点：水下吐气，一直吐出水面来。

三、教学练习步骤

（一）陆上呼吸模仿练习

要点：吸到气、憋住气、吐出气。

组织：将学生分为两组，听老师口令进行练习。

练习：15 次×3 组；10 次×2 组。

（二）半陆半水呼吸练习

要求：肩膀与池边平行，头在水中，身体在岸上，进行憋气和换气练习。

组织：全体同学俯卧池边，听老师口令进行呼吸节奏练习。

练习：15 次×3 组；10 次×2 组。

（三）水下双手扶池边漂浮呼吸练习

要求：双手抓住池边漂浮起来进行憋气和换气练习。

组织：全体同学抓住池边，听老师口令进行呼吸节奏练习。

练习：12 次×4 组；10 次×2 组。

团身漂浮站立

第二节　团身漂浮站立

一、教学动作讲解

身体直立站于池底，吸气、低头、含胸，下巴贴近锁骨，双脚蹬地收腿，双手紧抱小腿使身体团成球状，使身体的背部露出水面，控制平衡保持 5s。待身体平稳后，双臂慢慢伸展打开，大臂与前臂夹角 90°～120°，呈鸟翼状，同时双臂下压，双脚向前踩底，抬头挺胸，保持站立。

二、教学重点与难点

教学重点：团身要紧，闭气不漏气，勾脚向前站立。

教学难点：动作的连贯性与同时性，下压、抬头、站立，一气呵成。

三、教学练习步骤

（一）扶池边漂浮

要点：双手扶池边，吸足气，低头并把头夹在两臂之间，水面在头顶处。当身体俯卧水中后，要求学员在水中睁开眼睛，身体平直。重点打开肩关节和髋关节。

练习要求：一定要憋住气，每次坚持5s左右。

组织：全体同学抓住池边，听老师口令进行漂浮练习。

练习：8次×2组；5次×2组。

（二）抱膝浮体练习

要点：深呼吸，低头，双脚蹬池底，收腹，收大腿，双手抱膝或小腿，呈团身姿势，背部露出水面。

练习要求：一定要憋住气，每次坚持7s左右。

组织：将学生分为两组，一组练习，一组帮助与纠正错误。

练习：10次×2组；5次×2组。

（三）团身漂浮站立

要点：身体在水中动态平衡性的控制与把握。

练习要求：一定要憋住气，每次坚持10s左右。

组织：将学生分为两组，一组练习，一组帮助与纠正错误。

练习：7次×2组；5次×2组。

流线型滑行

第三节　流线型滑行

让学生体会身体在水中滑行的感觉以及保持"减阻省力"的流线型姿态。

一、教学动作讲解

身体直立贴近池壁，双臂上举，手掌重叠呈流线型，吸气低头，眼睛垂直注视池底，两腿上收于腰腹，并将臀部上提至水面，双脚离开池底，前脚掌用力蹬池壁，身体适度紧张，保持流线型滑出。

二、教学重点与难点

教学重点：双臂伸直至耳后夹紧前伸，吸气腰部控制夹紧，姿势呈一条直线。

教学难点：控制身体在水中的平衡。

三、教学练习步骤

（一）扶板蹬壁滑行

要点：一只手扶板，另外一只手抓池边，先深吸气，低头，身体前倾并屈膝，当头和肩没入水中时，另外一只手离开池边扶板，再前脚掌用力蹬离池壁，两腿并拢向前滑行。

组织：将学生分为两组，听老师口令出发。

练习：1次×8组。

（二）徒手蹬壁滑行

要点：一只手先前伸，另外一只手抓池边，先深吸气，低头，身体前倾并屈膝，当头和肩没入水中时，另外一只离开池边，双手重叠呈流线型，再前脚掌用力蹬离池壁，两腿并拢向前滑行。

组织：将学生分为两组，老师口令出发。

练习：1次×10组。

第四节　游泳基础体能训练

一、动作名称：抱膝跳

功能：提高腿部和臀部的爆发力。

二、动作步骤

抱膝跳动作步骤如下：

双脚分开与髋部同宽，手臂上举过头顶；

当开始跳跃时，手臂经由体前快速下摆，背部挺直，髋关节屈曲，膝关节屈曲90°，注意膝盖不要超过脚尖；

然后手臂用力上摆，臀、腿、踝发力，配合摆臂用力向上跳跃，腾空后身体完全向上伸展，收紧腹部；

当进入到腾空阶段时，需要身体快速提膝屈髋，膝盖最好能够触碰到胸口；

在空中用双手抱住膝盖，然后快速放开；

下落的身体回到屈膝缓冲阶段，每次落地都要轻盈、有控制，当完全稳定住以后再开始下一次。

三、动作要点

抱膝跳动作要点包括：腹部收紧，保持躯干正直；配合摆臂用力向上跳跃；身体快速提膝屈髋，在空中用双手抱住膝盖；落地要轻盈、有控制。

四、练习次数

以上为一个完整动作，男女生各三组，男生8~10次/组，女生6~8次/组，落地后完全稳定住以后再开始下一次。等动作完成稳定后，可以试试加强连贯性，千万不要急于求成。

拓展阅读 　　　　　　　　　**泳坛名将汪顺**

汪顺，1994年2月11日出生于浙江宁波，中国男子游泳队运动员，主攻中短距离混合泳。

2011年9月22日，汪顺在全国游泳锦标赛男子400米个人混合泳中，以4分11秒61的成绩夺得冠军，并打破亚洲纪录。2016年12月7日，汪顺以1分51秒74的成绩获得2016年国际泳联短池世界锦标赛男子200米个人混合泳冠军，这是中国男子混合泳首个世界冠军，汪顺创造了历史。

2018年8月20日，汪顺以1分56秒52的成绩夺得2018年雅加达亚运会男子200米混合泳冠军。

2021年7月30日上午，东京奥运会男子200米个人混合泳中，中国选手汪顺以1分55秒00的成绩获得冠军，并打破亚洲纪录。

【章节练习】

考试题型：分为单选题2道、判断题2道。

一、单选题

1. 呼吸的节奏是（　　　）

　　A. 猛吸快吐　　　　　　　　　　　　B. 猛吸、稍闭、慢吐

　　C. 猛吸、稍闭、慢吐、猛吐　　　　　D. 吸、闭、吐

2. 教学对象是初学者，呼吸应选择（　　　）

　　A. 快吸慢吐　　　　B. 慢呼快吸　　　　C. 早呼吸　　　　D. 晚呼吸

二、判断题

1. 熟悉水性教学的重点是身体平浮滑行。　　　　　　　　　　　　　　（　　　）

2. 熟悉水性教学的难点是呼吸。　　　　　　　　　　　　　　　　　　（　　　）

第三章　蛙泳

【章节导入】

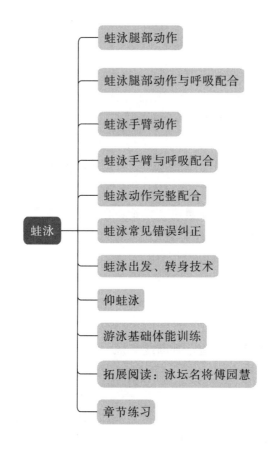

- 蛙泳腿部动作
- 蛙泳腿部动作与呼吸配合
- 蛙泳手臂动作
- 蛙泳手臂与呼吸配合
- 蛙泳动作完整配合
- 蛙泳常见错误纠正
- 蛙泳出发、转身技术
- 仰蛙泳
- 游泳基础体能训练
- 拓展阅读：泳坛名将傅园慧
- 章节练习

（蛙泳）

【学习目标】

1. 通过教学使学生对蛙泳有更深的认识，激发学生对游泳的学习兴趣；
2. 通过教学使学生了解蛙泳的完整技术动作；
3. 通过教学使学生感受竞争、向上的体育精神。

蛙泳腿部动作

第一节　蛙泳腿部动作

蛙泳腿分为收腿、翻脚、蹬夹、滑行 4 个紧密相连的动作环节。注意收腿时大腿的动作幅度变小，角度呈 130°～140°，小腿更加靠近臀部。

一、教学动作讲解

收腿：小腿藏在大腿后面收紧，脚踝放松，大腿微收，与身体成钝角；收腿要慢。

翻脚：膝关节内扣，小腿外翻，勾脚；小腿内侧与足弓向后对水。

蹬夹：大腿带动小腿与脚依次发力并充分伸直髋、膝、踝三关节；外、后、内方向成弧形路线蹬水。

滑行：腿伸直并拢，放松。

二、教学重点与难点

教学重点：收、翻动作完成后，小腿和脚内侧向后对水。

教学难点：腰与大腿发力，脚掌外翻弧形蹬夹水。

三、教学练习步骤

（一）陆上坐撑蛙泳腿和俯卧蛙泳腿模仿练习

要求：先按"收－翻－蹬夹－滑行"四个步骤练习；接着按"收翻－蹬夹－滑行"三个步骤练习；最后衔接到完整动作"慢收快蹬"。

组织：将学生分为两组，一组练习，一组帮助与纠正错误。

练习：20 次×5 组；15 次×3 组；10 次×2 组。

俯卧蛙泳腿模仿练习同上。

（二）半陆半水坐撑蛙泳腿和俯卧蛙泳腿模仿练习

要求：蹬水练习按照模仿练习的步骤逐渐建立水中动作定式。

组织：学生分两组，一组坐撑池岸上，将腿放入池中做蹬水练习；另一组手持浮球棒站在同伴侧面，提醒同伴蹬夹住浮球棒，体会蹬夹感觉。

练习：20 次×5 组；15 次×3 组；10 次×2 组。

俯卧蛙泳腿模仿练习同上。

（三）水中扶板蛙泳腿练习

要求：身体放松，平放在水面，头切不可因怕喝水而抬高。蹬腿时，扣膝翻腿勾脚尖，慢收快蹬长滑行。

组织：初学游泳的学生必须佩戴浮具，分两组循环练习，蹬到对岸休息。

练习：连续蹬腿 25m，总量 200~300m。

蛙泳腿部动作与
呼吸配合

第二节　蛙泳腿部动作与呼吸配合

一、教学动作讲解

收翻——抬头吸气；

蹬夹——先埋头闭气再蹬夹；

滑行——吐气；

配合呼吸后，也必须要注意蹬腿的技术要领和与呼吸配合的时机。

二、教学重点与难点

教学重点：腿和呼吸配合时机。

教学难点：呼吸的时机，即当身体处于最高位时吸气。

三、教学练习步骤

（一）半陆半水蛙泳的腿部＋呼吸模仿练习

要求："收翻抬头吸气－蹬夹先埋头闭气再蹬夹－滑行吐气"三个步骤练习；最后衔接到完整动作"慢收快蹬"。

组织：将学生分为两组，一组练习，一组帮助与纠正错误。

练习：20 次×5 组；15 次×3 组；10 次×2 组。

（二）扶池边蛙泳的腿部＋呼吸练习

要求：憋气做蛙泳腿，要在这个练习中让学员掌握正确熟练的蛙泳腿技术。

组织：根据人数分组，学生双手扶池边让身体全部浸入水中，感受浮力的作用，有的人会害怕，这时可让学员睁开眼睛，看着水中周围的情况，可以减少一些害怕的心理。

练习：3 次腿 1 呼吸，2 次腿 1 呼吸，1 次腿 1 呼吸。

（三）水中扶板蛙泳的腿部＋呼吸练习

要求：身体放松，平放在水面，头切不可因怕喝水而抬高。蹬腿时，扣膝翻腿勾脚尖，慢收快蹬长滑行。

组织：初学游泳的学生必须佩戴浮具，分两组循环练习，蹬到对岸休息，完成 20

次呼吸再蹬腿返回。

练习：连续蹬腿 25m，总量 300~400m。

视频欣赏：美国选手罗切特蛙泳换气。

蛙泳手臂动作

第三节　蛙泳手臂动作

一、教学动作讲解

两臂从并拢前伸开始，前臂内旋，稍屈腕，掌心朝斜下后方，两手向外划水，边滑边屈肘。两手划至两肩宽时，保持高肘屈臂两手向下、向后、向内、向上做加速划水。滑至颌下时，两手靠拢，两肘内夹，紧接着两臂前伸掌心转向下。

二、教学重点与难点

教学重点：屈臂划水和划水路线。臂向外划时手掌和前臂的压力感。

教学难点：内化夹水、手掌和前臂的对水面。

三、教学练习步骤

陆上蛙泳手模仿要求：站立做蛙泳手时身体前倾，双脚分开站立，双手向前伸直。口令"1"划手（外划），"2"收手（内划），"3"前伸。

组织：四列横队，听老师口令练习。

练习：15 次×3 组；10 次×2 组。

蛙泳手臂与呼吸配合

第四节　蛙泳手臂与呼吸配合

一、教学动作讲解

早吸气：两臂外滑时抬头，下滑时口露出水面张口快吸气，内滑时闭气，向前伸臂滑行时呼气。

晚吸气：两臂外划时呼气，内滑时头肩抬起，内滑结束口露出水面时，张开口快速吸气，向前伸臂时闭气。

二、教学重点与难点

教学重点：臂与呼吸的配合。

教学难点：内划。

三、教学练习步骤

（一）陆上站立蛙泳手＋呼吸模仿练习

要求：站立蛙泳手。身体前倾，双脚开立站立，双手向前伸直。口令"1"分手抬头吸气，"2"收手低头憋气，"3"双手前伸吐气。

组织：四列横队，听老师口令练习。

练习：15次×3组；10次×2组。

（二）半陆半水蛙泳手＋呼吸模仿练习

要求：俯卧池边，头和上肢在水中，池边与腋窝齐平，也是先练划手，再加上呼吸。

组织：将学生分为两组，一组练习，一组帮助与纠正错误。

练习：20次×5组；15次×3组；10次×2组。

（三）水中蛙泳手＋呼吸练习

要求：身体放松，平放在水面，腋下夹住浮力棒进行手臂加呼吸动作配合练习。

组织：初学游泳的学生必须腋下夹住浮力棒，分两组循环练习。

练习：连续划手25m，总量200～300m。

视频欣赏：美国选手罗切特蛙泳拉臂。

蛙泳动作完整配合

第五节　蛙泳动作完整配合

一、教学动作讲解

一般采用滑水一次蹬腿一次呼吸一次的配合，两臂外滑时腿不动，抬头吸气；内划时收腿，闭气；臂向前将伸直时蹬夹腿，头还原；臂腿伸直滑行时呼气。

口诀：一划臂腿不动，二收手又收腿，三先伸臂再蹬腿，四臂腿伸直要滑行。

二、教学重点与难点

重点：臂腿配合。

难点：呼吸。

三、教学练习步骤

（一）陆上站立蛙泳配合模仿练习

要求：直立，双臂上举，双手并拢。口令"1"划手，"2"收手，"3"收腿，"4"伸手，"5"蹬腿。

组织：四列横队，听老师口令练习。

练习：15 次×3 组；10 次×2 组。

（二）半陆半水蛙泳配合模仿练习

要求：俯卧在池边，头放在水里或者把脚放在水中都可以，练习蛙泳配合动作。口令同前一个练习。

组织：将学生分为两组，一组练习，一组帮助与纠正错误。

练习：20 次×5 组；15 次×3 组；10 次×2 组。

（三）水中蛙泳手配合练习

要求：先做憋气蛙泳配合，然后再加呼吸，逐步增加蛙泳完整配合的距离。

组织：先背好背漂，腋下夹住浮力棒辅助器材分两组循环练习，蹬到对岸休息，完成 20 次呼吸再蹬腿返回。根据学员的水平，逐步去调整辅助器材。

练习：3 腿 1 手（小划手仅供呼吸），2 腿 1 手，1 腿 1 手。总量 400～600m。

视频欣赏：美国选手罗切特蛙泳姿势。

蛙泳常见错误和
蛙泳常见错误纠正

第六节　蛙泳常见错误纠正

蛙泳动作分为呼吸技术、蛙泳腿技术、手臂与呼吸配合、蛙泳腿与呼吸配合以及完整配合。其中，呼吸是难点，蛙泳腿是基础，配合是关键。下面针对上述技术动作分别加以讲解，分析易犯错误产生的原因以及如何避免与纠正错误。

一、呼吸技术（韵律呼吸—早呼吸）

动作要领：一吸、二憋、三吐气。

重点：呼吸的节奏与连贯性。难点：水下到水面之间的吐气与吸气的衔接。

易犯错误：鼻子吸气、吸气嘟嘴、过早吐气。

产生原因：习惯性吸气；吸气未压入胸腔；吐气节奏破坏。

纠正方法与手段：快而猛地吸气；吸气后紧闭口鼻"咽气"；慢吐—快吐—暴吐，一气呵成。

二、蛙泳腿技术

动作要领：慢收慢蹬长滑行。

重点：慢收慢蹬长滑行。难点：翻脚。

易犯错误：快速收腿、收大腿、不翻脚。

产生原因：心理紧张；动作概念不清；踝关节柔韧性差。

纠正方法与手段：陆上坐撑蛙泳腿练习；俯卧蛙泳腿分解练习；水中"推小车"。

三、手臂与呼吸配合

动作要领：划（动）手抬头吸气。

重点：边分手边抬头吸气。难点：双臂前伸与肩同宽时抬头吸气。

易犯错误：划手过大、划手不抬头、压水抬头过猛。

产生原因：动作概念不清；动作僵硬；心理紧张。

纠正方法与手段：拨"窗帘"练习；小划手练习；水中两人一组配合练习。

四、蛙泳腿与呼吸配合

动作要领：抬头吸气腿不动，埋头收翻蹬夹水，滑行5s。

重点：先埋头再蹬腿，滑行5s。难点：边伸双臂边吸气。

易犯错误：吸气收腿、埋头不标准、滑行时间短。

产生原因：动作概念不清；心理紧张怕埋头；动作节奏混乱。

纠正方法与手段：持浮板的腿与呼吸配合、持浮棒的配合练习；徒手配合练习。

五、完整配合

动作要领：划手抬头吸气腿不动，埋头收翻蹬夹水，滑行5s。

重点：翻脚蹬水，滑行5s。难点：慢收、慢蹬、长滑行。

易犯错误：划手吸气过于抬头压水；同手同脚身体下沉；直立游进，没有滑行。

产生原因：心理紧张怕吸不到气；动作概念不清；动作节奏破坏。

纠正方法与手段：蛙泳配合由上到下、从前到后、从头到脚顺序配合练习；2∶1∶1和1∶1∶1配合练习。

蛙泳出发、转身技术

第七节 蛙泳出发、转身技术

一、蛙泳出发技术

目的：短时间内掌握初级蛙泳出发（台上）技术；掌握后可以参加游泳的比赛。

教学内容：摆臂式出发。

动作要领："各就位"时，两脚开立与肩同宽于出发台前，脚趾扣住台缘，两手臂自然下垂。当听到出发信号时，手臂由后向前摆动，两脚用力蹬伸，身体向前上方跃起。腾空后，身体伸直，稍低头，两臂夹于耳侧，全身伸直入水。

（一）教学重难点

重点：起跳。

难点：入水。

（二）教学方法与步骤

陆上模仿练习，池边坐跳，池边蹲跳，池边鱼跃，池边出发。

二、蛙泳转身技术

目的：适用于室内短池（50m、100m、200m）、长池（100m、200m）蛙泳长距离比赛。

教学内容：蛙泳转身技术。

动作要领：快速游近池壁，两手臂前伸触壁，屈肘缓冲，头、肩出水，身体绕纵轴侧转，同时收腿、屈膝、团身。当两手推离池壁，一手出水经空中甩向一侧，另一手由下而上拨水，屈臂夹头，屈膝侧卧，两脚水下用力蹬壁，身体侧转俯，并成流线型滑行。做一次水下长划臂或是直接连接蛙泳划臂动作。

（一）教学重难点

重点：转体倒肩。

难点：侧卧蹬壁。

（二）教学方法与步骤

陆上模仿练习（站立模仿、行进间模仿）。

水中练习（浅水区水中模仿、滑行转身、完整动作）。

仰蛙泳

第八节　仰蛙泳

顾名思义，仰蛙泳就是身体翻转过来的蛙泳，也叫蛙式仰泳。仰蛙呼吸自然，动作自如，节省体力，容易学习和掌握，具有很高的实用价值，在水中拖运物品、抢救溺水者时常采用这项游泳技术。在长时间、长距离游泳时，仰蛙泳还是一种轻松悠闲的游泳方式。

一、仰蛙泳身体姿势

仰蛙泳的身体姿势和仰泳的身体姿势基本相同，身体自然伸直，仰卧于水面，两臂置于体侧或前伸，稍收下颌，头的后半部浸于水中。

二、仰蛙泳动作要点

仰蛙泳时，身体仰卧水中，两腿同时做蛙泳腿的蹬夹动作，两臂同时经空中前摆入水，最后在体侧同时向后划水。

仰蛙泳腿的蹬夹动作是推进身体前进的主要因素。腿的动作从身体伸直仰卧滑行姿势开始。收腿、翻脚、蹬夹三个环节是紧紧相连的，收腿尚未完成就开始翻脚，在翻脚的开始阶段继续完成收腿；翻脚尚未完成即开始蹬夹，在蹬夹的开始阶段继续完成翻脚。整个动作要连贯，中间不能有明显的停顿。尤其应注意的是，在收腿、翻脚、蹬腿的全过程中，膝关节不能露出水面。

两臂动作从贴于体侧的滑行姿势开始。首先，以拇指领先，两臂自然伸直提出水面，并放松地沿体侧的垂直面经空中向前摆动。其次，两臂摆过脸部上方时开始内旋，使小指侧转向下。最后，两臂伸直在肩前同时入水。

三、仰蛙泳配合动作

仰蛙泳的臂、腿动作也是交替进行的，蹬脚与划臂轮流起着推动身体前进的作用。配合方式是，两臂提出水面经空中前移时，做收腿和翻脚的动作；两臂摆至头前即将入水时，两腿开始向后蹬夹；蹬夹结束两腿伸直并拢时，两臂在体侧向后划水；划水结束后，两臂贴于体侧，身体自然伸直向前滑行。

四、仰蛙泳注意事项

游仰蛙泳时，脸部始终露在水面上，呼吸不受水的限制，但要与腿动作协调一致。一般是在空中移臂时吸气，臂入水后稍闭气，臂划水时用口、鼻均匀地呼气。

俯卧蛙泳是在两臂前伸后做短暂的滑行，而仰蛙泳是在两臂划至大腿旁后进入滑行的。

第九节 游泳基础体能训练

一、动作名称：臀肌桥

功能：激活臀大肌、腘绳肌、下背部肌群。

二、动作步骤

臀肌桥动作步骤如下：

平躺在地面上，双手平放在身体两侧或是放在胸口处，双脚尽量靠近臀部，膝盖并拢在一起；

双脚用力下压，背部、臀部、大腿后侧发力，把身体向上拱起，使髋部离开地面；这时应该只依靠你的肩部和脚支撑身体，大腿和躯干保持在一条直线上；动作在这个阶段停留 2~3s；

回到起始姿势，重复以上步骤。

三、动作要点

臀肌桥动作要点包括：双脚尽量靠近臀部；依靠肩部和脚支撑身体；大腿和躯干保持在一条直线上。

四、练习次数

以上为一个完整动作，男女生各两组，男生 10~15 次/组，女生 5~10 次/组。

拓展阅读　　　　　　　　# 泳坛名将傅园慧

傅园慧，1996 年 1 月 7 日生于浙江杭州，中国国家女子游泳队运动员。

2013 年，获巴塞罗那世锦赛女子 50 米仰泳亚军。

2014 年，获仁川亚运会女子 50 米、100 米仰泳冠军。

2015 年，获喀山世锦赛女子 50 米仰泳，女子 4×100 米混合泳接力冠军。

2016 年，获里约奥运会女子 100 米仰泳季军，成为中国女子仰泳第一个登上奥运领奖台的选手。

2017 年，获布达佩斯世锦赛女子 50 米仰泳亚军。

2015 年、2018 年，女子 50 米仰泳世界排名第一。

2018 年，获雅加达亚运会女子 50 米仰泳亚军。

2019 年，获国际泳联全新赛事女子 50 米仰泳、女子 100 米仰泳冠军。

【章节练习】

考试题型：分为单选题 1 道、多选题 5 道、判断题 6 道、讨论题 1 道。

一、单选题

坐池边准备姿势应（　　　）

A. 双手乱放　　　　　　　　　　　B. 两臂夹于耳前

C. 两臂夹于耳后　　　　　　　　　D. 以上都不是

二、多选题

1. 蛙泳出发第一步的内容（　　　）

　　A. 坐池边　　　　　　　　　　　B. 身体逐渐前倒

　　C. 双脚蹬池壁　　　　　　　　　D. 顺势入水

2. 入水正确姿势（　　　）

　　A. 双臂夹耳后保持直臂伸展姿势

　　B. 注意双腿同时用力蹬池壁并保持身体流线型

　　C. 保持低头收下颚入手

　　D. 上体由伸展逐步屈体前倒，依次入水的顺序

3. 身体从哪些关节依次入水？（　　　）

　　A. 双手指尖、手腕　　　　　　　B. 双脚尖

　　C. 双肩、髋关节　　　　　　　　D. 双膝、双踝关节

4. 以下入水动作错误的有（　　　）

　　A. 入水双手弯曲　　　　　　　　B. 出发时未低头

　　C. 入水时双腿弯曲　　　　　　　D. 身体呈流线型入水

5. 未下水的池边练习可以（　　　）

　　A. 压腿　　　　　　　　　　　　B. 划手与呼吸配合

　　C. 感受蹬腿动作　　　　　　　　D. 打腿

三、判断题

1. 双腿同时用力蹬池壁不必保持身体流线型。 　　　　　　　(　)

2. 流线型不充分是入水后的错误动作。 　　　　　　　　　　(　)

3. 两臂夹于耳后保持身体流线型。 　　　　　　　　　　　　(　)

4. 借助垫子体会身体依次入水没有效果。 　　　　　　　　　(　)

5. 尽量抬头，入水后保持身体流线型。 　　　　　　　　　　(　)

6. 入水后，膝盖不能弯曲。 　　　　　　　　　　　　　　　(　)

四、讨论题

同学们在入水后，如何有效的保持身体姿态？

第四章 仰泳、自由泳、蝶泳

【章节导入】

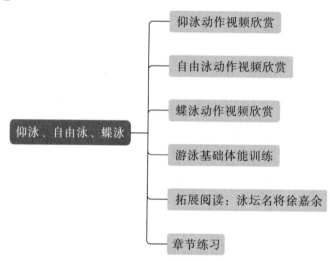

【学习目标】

1. 通过教学使学生对游泳运动有更深的认识，激发学生对游泳的学习兴趣；
2. 通过教学使学生了解仰泳、自由泳、蝶泳的基本技术动作；
3. 通过教学使学生体会学习游泳的过程，激发学生刻苦、奋进的体育精神。

仰泳动作

第一节 仰泳动作视频欣赏

仰泳动作可以分解为如下几步：手臂划水，出水手臂旋转以小拇指领先，移臂时手臂与水面垂直，上臂贴近耳朵。移臂过程中，小拇指领先进入水中。以头部位置作为"12点钟"方向，两手的入水点在11点和1点钟位置。手入水后先直臂下划。两臂划水应与身体转动协调配合，两肩不断形成位置差。两臂划水配合采用交叉方式，即两臂始终处于相反的位置，一臂划水时，另一臂开始移动。头部保持稳定，不要左右摆动。因为头部在水面之上，所以呼吸不受限制，但应保持有节奏地呼吸，或固定在大臂移动时吸气。保持水平身体姿势，躯干和肩随手臂动作围绕纵轴运动，始终有一肩不露出水面。双腿交替作鞭状上下打水。向上打水要快而有力，脚略内旋并绷直，向下打水时腿和脚自然放松。

自由泳动作

第二节　自由泳动作视频欣赏

自由泳一般指的是爬泳。爬泳完整动作配合技术有 6 次腿、4 次腿、2 次腿即 1 次呼吸、2 次划水与 6 次或 4 次与 2 次打腿配合技术。一般来说，6 次腿动作较适合于游泳初学者和短距离项目，4 次和 2 次腿技术则有利于中、长距离项目。游爬泳时，以 6：2：1 配合技术为例，两腿连续做上下交替鞭状打水，当右臂入水时，左臂向后手掌推水；右臂向后划水时，左臂经空中向前移臂；右臂向后划水时，左臂经空中向前移臂；右臂向后推水结束，左臂入水同时，侧头吸气；右臂前移准备入水。

蝶泳动作

第三节　蝶泳动作视频欣赏

蝶泳手臂动作可分为入水、抱水、划水、出水、空中移臂五个部分，蝶泳腿部动作由向上打水和向下打水两部分组成。当两腿前一次向下打水动作结束时，两脚处于最低点，膝关节伸直，臀部上升至水面，髋关节屈成约 160°。接着两腿伸直向上摆动，髋关节逐渐展开，当大腿上升到与躯干呈一条直线时，腰腹和臀部开始下沉，大腿开始下压。在大腿下压时，两脚和小腿由于惯性的作用继续向上，膝关节形成自然弯曲。随着大腿继续加速向下，屈膝程度增加，直到脚升至接近水面，在水下约 4~5cm 处，此时臀部下沉至最低点，膝关节屈成 110°~130° 角，这时向上打水结束。

第四节　游泳基础体能训练

一、动作名称：药球－胸前推球－直立伸髋双膝跪地

功能：提高上肢动作的力量与爆发力，有助于增强肩关节的稳定性，强化胸大肌和肱三头肌的弹性力量，提升产生力的效率，提高人体的稳定性。

起始姿势：直立伸髋双膝跪姿准备，面向墙壁，躯干与墙壁保持 0.9～1.2m 的距离，双手持药球于胸前，手臂伸直。

二、动作步骤

此动作步骤分为两个部分：将药球拉至胸前，尽可能用最大力量快速向墙壁推出药球；当药球反弹时，抓住药球，回到起始姿势，重复规定的次数。

三、动作要点

此动作要点包括：双手同时发力将药球推向墙壁，接球的位置不要太靠近胸部；连续推球时，药球要在胸前停留；始终保持标准的身体姿势，背部平直，腹部收紧；动作连贯完成，没有停顿。

四、练习次数

以上是一个完整动作，男女各三组，男生 10～15 次/组，女生 5～10 次/组；组间间歇 30～60s。

拓展阅读　　　　　**泳坛名将徐嘉余**

徐嘉余，1995 年 8 月 19 日出生于浙江温州市，效力于中国男子游泳队。

2020 年 1 月，获得 2020 年国际泳联冠军游泳系列赛深圳站男子 50 米仰泳冠军。

2019 年 7 月，获得第 18 届世界游泳锦标赛男子 100 米仰泳冠军。

2018 年 12 月 12 日，获得第 14 届世界短池游泳锦标赛男子 100 米仰泳亚军。

2017 年 7 月，获得世界游泳锦标赛男子 100 米仰泳冠军。

2017 年 7 月，获得世界游泳锦标赛男女混合 4×100 米接力季军。

2017 年 4 月，获得全国游泳冠军赛男子 100 米仰泳冠军打破亚洲纪录。

2015 年 4 月，获得全国游泳冠军赛暨世锦赛选拔赛男子 100 米仰泳冠军。

2015 年 4 月，获得全国游泳冠军赛暨世锦赛选拔赛男子 200 米仰泳冠军。

2015 年 4 月，获得全国游泳冠军赛暨世锦赛选拔赛男子 50 米仰泳冠军。

2014 年 10 月，获得全国游泳锦标赛男子 200 米仰泳冠军。

2014 年 10 月，获得全国游泳锦标赛男子 50 米仰泳冠军。

2014 年 10 月，获得全国游泳锦标赛男子 100 米仰泳冠军。

2014 年 10 月，获得短池游泳世界杯北京站男子 100 米仰泳冠军。

2014 年 9 月，获得第十七届仁川亚运会男子 100 米仰泳亚军。

2014 年 9 月，获得第十七届仁川亚运会男子 50 米仰泳季军。

2014 年 5 月，获得全国游泳冠军赛男子 100 米仰泳冠军打破全国纪录。

2014 年 5 月，获得全国游泳冠军赛男子 50 米仰泳冠军刷新该项目全国纪录。

2014 年 5 月，获得全国游泳冠军赛男子 200 米仰泳冠军打破全国纪录。

2014 年 2 月，获得五国游泳对抗赛男子 100 米仰泳冠军。

【章节练习】

考试题型：分为单选题 15 道、多选题 13 道、判断题 27 道、讨论题 2 道。

一、单选题

1. 关于仰泳的知识，下列说法正确的是（　　　）

   A. 仰泳时，身体呈仰泳姿势踢腿成"坐沙发"姿势

   B. 仰泳时踢腿时是勾脚踢腿

   C. 仰泳踢腿时，头部与身体是一条直线

   D. 仰泳时，一手前伸，另一只手可以随意摆放位置

2. 下例关于仰泳的叙述，正确的是（　　　）

   A. 仰泳划手时，五指并拢，小拇指最后出水

   B. 仰泳时，应该紧闭嘴巴，以免水进入嘴巴里面

   C. 仰泳做出水动作时，对身体仰卧姿势踢腿无需控制

   D. 仰泳时，需要保持连贯的踢腿动作

3. 仰泳划水过程中，手在向后划的同时向上划动，使屈肘的程度逐渐加大。当手臂划至肩下与水平面垂直时，身体转动幅度达到最大，约为 45°，关节弯曲度也达到最大，约为（　　　）

   A. 80°～90°　　　　B. 120°～130°　　C. 90°～120°　　　D. 100°～120°

4. 在学习仰泳的过程中，手臂的正确姿势是（　　　）

   A. 单手垂直于水面上举，掌心向外

B. 一手前伸，另一手于水面上举手臂弯曲

C. 双手垂直于水面上举，掌心向外

D. 单手垂直于水面上举，掌心向内

5. 蛙泳腿进入推进阶段时，双腿完全伸直，将水向后推，在推水的最后双脚做（　　）运动

A. 圆周   B. 平行   C. 曲线

6. 蛙泳腿推水过程时的力量是（　　）

A. 向后   B. 向外   C. 向下

7. 仰泳单手推水至体侧时手臂应（　　）

A. 弯曲   B. 抬高   C. 伸直   D. 抱水

8. 仰泳上下打腿的幅度约为（　　）

A. 5～10cm   B. 10～20cm   C. 20～30cm   D. 30～40cm

9. 下列哪个不属于仰泳动作部分？（　　）

A. 入水   B. 划水   C. 爆水   D. 出水

10. 自由泳 6 步教法不包括以下（　　）

A. 俯卧流线型打腿   B. 单手抓水＋侧头呼吸

C. 单手抱水＋抬头呼吸   D. 单手置体侧＋侧头呼吸

11. 做单手抱水＋抬头呼吸动作时上臂与前臂的夹角约为（　　）

A. 70°   B. 80°   C. 90°   D. 100°

12. 仰泳时两臂划水配合采用（　　）方式，即两臂始终处于相反的位置，一臂划水时，另一臂移动。

A. 平行   B. 交叉   C. 交互

13. 仰泳时保持水平的躯干姿势，（　　）随手臂动作围绕纵轴转动，始终有一肩不露出水面。

A. 躯干和腰   B. 躯干和肩   C. 躯干和腿

14. 蝶泳踢腿膝盖弯曲度数为（　　）

A. 60°   B. 70°   C. 80°   D. 90°

15. 蝶泳一次手臂划水包括（　　）次来回踢腿动作？

A. 1   B. 2   C. 3   D. 4

二、多选题

1. 练习仰泳出发技术时，背先入水的原因是（　　）

A. 头过于后仰   B. 起跳角度过小

C. 摆臂力量不够   D. 仰头、挺胸不够

2. 仰泳腿部动作的重难点是（　　）

A. 小腿发力   B. 大腿发力   C. 直腿踢水   D. 鞭状踢水

3. 仰泳完整配合的重难点是（　　　）

    A. 屈臂划水   B. 高肘划水   C. 低肘划水   D. 肩和身体的转动

4. 初学仰泳时，产生头高脚低（"坐"着游）的原因是（　　　）

    A. 收腹屈髋

    B. 怕呛水、喝水，抬高上体，头出水面

    C. 腰腹和下肢力量差

    D. 打腿下压动作不好

5. 仰泳臂部动作由哪几个动作构成？（　　　）

    A. 入水   B. 划水   C. 抱水   D. 出水

    E. 空中移臂

6. 仰泳中身体呈仰卧姿势踢腿时，（　　　）是正确动作。

    A. 绷脚尖踢腿   B. 膝关节充分弯曲提供动力

    C. 膝关节保持不出水   D. 髋关节上顶，避免"屈膝坐"

7. 自由泳打腿有哪些发力部位？（　　　）

    A. 大腿发力   B. 膝关节发力   C. 小腿发力   D. 脚踝发力

8. 完整的自由泳，泳姿是由哪几个部分组成？（　　　）

    A. 打腿   B. 手滑行   C. 呼吸   D. 崩脚尖

9. 自由泳 6 步教法包括（　　　）

    A. 俯卧流线型打腿   B. 单手抓水＋抬头呼吸

    C. 单手抱水＋抬头呼吸   D. 单手置体侧＋侧头呼吸

    E. 单手空中高肘＋侧头呼吸   F. 单手前伸入水＋侧头呼吸

10. 自由泳侧头呼吸中身体动作有（　　　）

    A. 高肘移臂转肩   B. 上臂带动前臂

    C. 边推水边侧头呼吸   D. 高肘前伸大拇指先入水

11. 自由泳打腿动作要点（　　　）

    A. 双腿内旋   B. 绷脚尖

    C. 以髋关节为轴上下交替打腿   D. 大腿发力鞭打

12. 仰泳时，如果以头的位置为钟表 12 点方向，那么两手的入水点应该在（　　　）点方向。

    A. 11   B. 10   C. 1

13. 蝶泳的正确姿势有哪些？（　　　）

    A. 脸部没于水中   B. 手臂向前伸展

    C. 双手入水与肩同宽   D. 双手向后后划

三、判断题

1. 初学者游仰泳鼻腔容易进水、呛水的问题，可采用长距离游仰泳进行改善。

（　　）

2. 进行仰泳时，腿部动作为勾脚踢腿。（　　）

3. 双手前伸时，双手只需要接触在一起就可以了。（　　）

4. 仰泳时应该张大嘴巴最大限度地呼吸。（　　）

5. 在仰泳中，单手垂直于水面上举时，五指未并拢，掌心向外。（　　）

6. 蹬壁出发时在浅水区只能单腿蹬壁，深水区只能双腿蹬壁。（　　）

7. 蛙泳时总是先夹水再蹬腿。（　　）

8. 持浮板水中蛙泳练习时，手臂要始终保持伸直状态。（　　）

9. 仰泳需要挺胸收腹提臀。（　　）

10. 仰泳时不顶肚子，身体就不会下沉。（　　）

11. 仰泳单手水中抱水应高肘抱水。（　　）

12. 做抱水动作时，对身体呈仰卧姿势踢腿的控制。（　　）

13. 仰泳打腿时两腿作鞭状上下打水，上踢用力，下压放松。（　　）

14. 仰泳时身体保持伸展、正直，几乎水平地仰卧于水面约位于头顶中部。（　　）

15. 仰泳身体随手臂划水动作围绕横轴有节奏地转动。（　　）

16. 在自由泳打水时屈膝勾脚打水。（　　）

17. 自由泳手扶池边"蹬自行车"式打腿。（　　）

18. 练习扶池边打腿动作时可以屈膝勾脚打水。（　　）

19. 自由泳打水时，两腿上、下交替动作，踝关节放松，以髋关节为支点发力。

（　　）

20. 自由泳臂划水动作包括入水、抱水、划水、推水和空中移臂五个阶段。（　　）

21. 自由泳臂划水路线在保持高肘的情况下，手臂向外、向下和向后运动至肩下。

（　　）

22. 自由泳完整配合技术形式多样，常见的有 6∶2∶1、4∶2∶1、2∶2∶1 等配合技术。（　　）

23. 自由泳臂部动作整个过程可以概括为：入水—抱水—划水—出水—空中移臂。其中入水要有力，移臂强调提肩和转肩。（　　）

24. 仰泳时头部保持稳定没有左右摆动。（　　）

25. 仰泳时的身体节奏配合是，每划水两次，腿打水六次，呼吸一次。（　　）

26. 划水动作应调整以确保最后一次划水的完整性和延展性。（　　）

27. 在双脚触碰池壁的同时，手臂不应该离开池壁。（　　）

四、讨论题

1. 自由泳的呼吸方式是什么？

2. 自由泳与仰泳时，腿部和脚部的动作各是怎样的？

第五章　初级救生员解脱和心肺复苏

【章节导入】

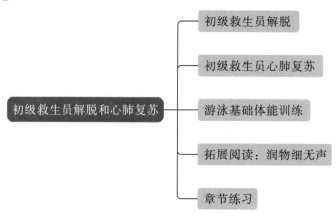

初级救生员解脱和心肺复苏

- 初级救生员解脱
- 初级救生员心肺复苏
- 游泳基础体能训练
- 拓展阅读：润物细无声
- 章节练习

【学习目标】

1. 通过教学使学生对救生员解脱和心肺复苏有更深的认识，引起学生对游泳安全的重视；

2. 通过教学使学生了解救生员解脱和心肺复苏的理论与基本操作；

3. 通过教学使学生体会水上救生的过程，提高学生对游泳安全的重视。

初级救生员解脱

第一节　初级救生员解脱

一、初级救生员解脱技术

初级救生员解脱技术是指救生员在接近溺水者时被溺水者抓住或抱住，救生员采取合理的技术动作及时解除溺水者的抓抱，并有效地控制溺水者的一项专门技术。其原理是利用反关节使施救者摆脱溺水者的控制从而更好地进行施救。

二、解脱技术的组成

（一）单手（臂）被抓解脱法

1. 转腕法

以右手被抓的情况为例，当救生员右手被溺水者右手抓住时，则救生员转腕外翻下压，并用右手及时抓住溺水者的右手腕部向右拉出，使溺水者背贴救生员前胸，有效控制溺水者。

2. 推击法

以右手被抓的情况为例，当救生员右手被溺水者的左手抓住时，救生员可用左手虎口推击溺水者的左手腕部。撞击时要迅速、有力。解脱后，应紧握溺水者的右手腕部，并及时把溺水者的右手向救生员右侧拉出，使溺水者背贴救生员前胸，有效控制溺水者。

（二）交叉手被抓解脱法

救生员用上面一个手臂的肘部撞击溺水者的另一侧（左手）腕部，先解脱救生员的左手，然后转腕解脱右手，趁势将溺水者向右面拉出，及时将溺水者转体至背贴救生员前胸，然后有效控制溺水者。

（三）单手被双手抓握解脱法

救生员的右前臂被溺水者双手抓握时，救生员左手虎口向下，用力撞击溺水者的右手腕部，使溺水者松开一手，并紧握溺水者左手腕；然后救生员上身前倾，以左上臂近肘处回击溺水者右手腕部，使之全部解脱，并趁势将溺水者的右手向自己的右手拉击，及时将溺水者转体至背贴救生员前胸，然后有效控制溺水者。

（四）颈部被持抱解脱法

1. 上推双肘解脱法

这是溺水者还没有抱紧救生员时应采用的方法。被抱住颈部时，救生员要及时内收下颚，以防止气管被夹住，双手上推溺水者的双肘关节，同时头部下抽，趁势抓握住溺水者的一只手腕，溺水者转至背贴救生员前胸，然后有效控制溺水者。

2. 压腕上推单肘解脱法

以颈部背面被抱持的情况为例，救生员应内收下颌，以防止气管被夹住，同时分清溺水者哪只手压在上面。而后救生员上举双手，如溺水者右手在上，则救生员用左手紧压溺水者的右手腕部，右手上推溺水者右肘部，自己的头部也随之右侧转出。然后救生员用右手紧抓溺水者的右手臂肘部，将其拉向救生员胸前，有效控制溺水者。

（五）腰部背面被抱持解脱法

1. 扳指解脱法

先分清溺水者持抱时哪一只手在外，如溺水者用手指交叉方法锁住救生员，可同时做扳指解脱动作，先扳溺水者在外侧的一手指，使之松开后用力向外展开，然后外扳另一个手指，松开后用力向外展开，使两臂呈侧平举。救生员向右下方下沉，从溺水者右腋下移至其背后，将左手放在溺水者的腰背部，前拨溺水者，左手托溺水者左腋的同时，右手夹胸控制住溺水者，或右手托其右腋的同时，左手夹胸将其控制住。

2. 躬身抽手扳指法

救生员双臂肘部关节以下和躯干同时被持抱时，则先用臀部后顶，双臂前推，含胸收腹，趁隙先后抽出两臂，再采用扳指法。

3. 屈肘扩张解脱法

救生员先作两臂屈肘动作，同时往两侧做扩张动作，使两臂可松解，然后视被持抱松紧程度，及时采用"上推双肘"或"压腕上推单肘"法解脱。

第二节 初级救生员心肺复苏

一、心肺复苏技术

心肺复苏术简称 CPR，是针对骤停的心脏和呼吸采取的救命技术，目的是恢复患者自主呼吸和自主循环。其按压节奏一般为 30：2，即每 30 次胸外按压，需配合 2 次人工呼吸，按压深度成人约 4~5cm，儿童为 2~3cm。

二、心肺复苏步骤

（一）评估现场情况

急救者在确认现场安全的情况下轻拍患者的肩膀，并大声呼喊"你还好吗？"检查患者是否有意识。如果患者没有呼吸或者没有正常呼吸（即只有喘息），立刻启动急救反应系统。其实，现场急救程序已被简化，可把"看、听和感觉"从程序中删除，实施这些步骤既不合理又很耗时间。就是基于这个原因，2010 国际心肺复苏及心血管急救指南强调对无反应且无呼吸或无正常呼吸的成人立即启动急救反应系统并开始胸外心脏按压。

（二）启动紧急医疗服务（Emergency Medical Service，EMS）并获取 AED

如发现患者无反应无呼吸，急救者应启动 EMS 体系（拨打 120），如有条件可以取来 AED（Automated External Defibrillator，自动体外除颤器），对患者实施 CPR，如需要时应立即进行除颤。

如有多名急救者在现场，其中一名急救者按步骤进行 CPR，另一名启动 EMS 体系（拨打 120），取来 AED（如果有条件）。

在救助淹溺或窒息性心脏骤停患者时，急救者应先进行 5 个周期（约 2min）的CPR，然后拨打 120 启动 EMS 系统。

（三）脉搏检查

对于非专业急救人员，不再强调训练其检查脉搏，只要发现无反应的患者没有自主呼吸就应按心搏骤停处理。对于医务人员来说，一般以食指和中指触摸患者颈动脉来感觉有无搏动（搏动触点在甲状软骨旁胸锁乳突肌沟内）。检查脉搏的时间一般不能超过10s，如10s内仍不能确定有无脉搏，应立即实施胸外按压。

（四）胸外按压（Compression，C）

确保患者仰卧于平地上或用胸外按压板垫于其肩背下，急救者可采用跪式或踏脚凳式等不同体位，将一只手的掌根放在患者胸部的中央、胸骨下半部的上方，将另一只手的掌根置于第一只手背上。手指不接触胸壁。按压时双肘须伸直，垂直向下用力按压，成人按压频率为每分钟100～120次，下压深度5～6cm，每次按压之后应让胸廓完全回复。按压时间与放松时间各占50%左右，放松时掌根不能离开胸壁，以免按压点移位。对于儿童患者，用单手或双手于乳头连线处水平按压胸骨。对于婴儿，用两手指于紧贴乳头连线下方水平按压胸骨。为了尽量减少因通气而中断胸外按压的次数，对于未建立人工气道的成人，2010国际心肺复苏及心血管急救指南推荐的按压、通气比率为30：2。对于婴儿和儿童，双人CPR时可采用15：2的比率。如有双人或多人施救，应每2min或5个周期CPR（每个周期包括30次按压和2次人工呼吸）更换按压者，并在5s内完成转换，因为研究表明，在按压开始1～2min后，操作者按压的质量就开始下降（表现为频率和幅度以及胸壁复位情况均不理想）。

胸外按压法于1960年提出后曾一直被认为胸部按压使位于胸骨和脊柱之间的心脏受到挤压，引起心室内压力的增加和房室瓣的关闭，从而促使血液流向肺动脉和主动脉，按压放松时，心脏则因"舒张"而再度充盈，此即为"心泵机制"。但这一概念在1980年以后受到"胸泵机制"的严重挑战，后者认为按压胸部时胸内压增高并平均地传递至胸腔内所有腔室和大血管，由于动脉不萎陷，血液由胸腔内流向周围，而静脉由于萎陷及单向静脉瓣的阻挡，压力不能传向胸腔外静脉，即静脉内并无血液返流；按压放松时，胸内压减少，当胸内压低于静脉压时，静脉血回流至心脏，使心室充盈，如此反复。其实，不论"心泵机制"或"胸泵机制"，均可建立有效的人工循环。国际心肺复苏及心血管急救指南更强调持续有效地胸外按压，快速有力，尽量不间断，因为过多中断按压，会使冠脉和脑血流中断，复苏成功率明显降低。

（五）开放气道（Airway，A）

在2010年美国心脏协会CPR及ECC指南中有一个重要改变是在通气前就要开始胸外按压。胸外按压能产生血流，在整个复苏过程中，都应该尽量减少延迟和中断胸外按压的次数。而调整头部位置，实现密封式的口对口呼吸，拿取球囊面罩进行人工呼吸等都要花费时间。采用30：2的按压通气比开始CPR能使首次按压延迟的时间缩短。有两种方法可以开放气道提供人工呼吸：仰头抬颏法和推举下颌法。后者仅在怀疑头部或颈部损伤时使用，因为此法可以减少颈部和脊椎的移动。遵循以下步骤实施仰头抬颏：将一只手置于患者的前额，然后用手掌推动，使其头部后仰；将另一只手的手指置于颏骨附近的下颌下方；提起下颌，使颏骨上抬。注意在开放气道同时应该用手指挖出病人口中异物或呕吐物，有假牙者应取出假牙。

（六）人工呼吸（Breathing，B）

给予人工呼吸前，急救者正常吸气即可，无需深吸气；所有人工呼吸（无论是口对口、口对面罩、球囊－面罩或球囊对高级气道）均应该持续吹气 1s 以上，保证有足够量的气体进入并使胸廓起伏；如第一次人工呼吸未能使胸廓起伏，可再次用仰头抬颏法开放气道，给予第二次通气；过度通气（多次吹气或吹入气量过大）可能有害，应避免。

实施口对口人工呼吸是借助急救者吹气的力量，使气体被动吹入肺泡，通过肺的间歇性膨胀，以达到维持肺泡通气和氧合作用，从而减轻组织缺氧和二氧化碳潴留。方法为：将患者仰卧置于稳定的硬板上，托住颈部并使头后仰，用手指清洁其口腔，以解除气道异物，急救者以右手拇指和食指捏紧患者的鼻孔，用自己的双唇把患者的口完全包绕，然后吹气 1s 以上，使胸廓扩张；吹气毕，施救者松开捏鼻孔的手，让患者的胸廓及肺依靠其弹性自主回缩呼气，同时均匀吸气，以上步骤再重复一次。对婴儿及年幼儿童人工呼吸，可将婴儿的头部稍后仰，把口唇封住患者的嘴和鼻子，轻微吹气入患者肺部。如果患者面部受伤则不宜进行口对口人工呼吸，可进行口对鼻通气。深呼吸一次并将嘴封住患者的鼻子，抬高患者的下巴并封住口唇，对患者的鼻子深吹一口气，移开急救者的嘴并用手将患者的嘴敞开，这样气体可以出来。在建立了高级气道后，每 6~8s 进行一次通气，而不必在两次按压间同步进行（即呼吸频率每分钟 8~10 次）。在通气时不需要停止胸外按压。

第三节　游泳基础体能训练

一、动作名称：俯卧撑－快速伸缩复合训练

功能：提高上肢动作的力量与爆发力，有助于增强关节的稳定性，强化胸部、肩部和手臂的力量，提升力的产生效率。

起始姿势：俯卧，双手双脚撑准备，手在肩部的正下方，肘关节伸直但不要锁死。

二、动作步骤

此动作步骤分为两个部分：通过屈肘，降低胸部贴近地面，尽可能用最大的力量快速推起自己的身体离开地面；手做好落地缓冲的准备，屈肘支撑身体的重量，当身体即将贴近地面时，再次快速推起，重复规定次数。

三、动作要点

此动作有两个要点：在完成动作过程中，双手同时发力推起身体，收紧腹部和臀部，身体呈一条直线；落地时，手臂通过屈肘缓冲，臀部不要抬起，保持躯干稳定性，动作完成连贯。

四、练习次数

以上是一个完整动作，男女各三组，男生 10～15 次/组，女生 5～10 次/组；组间间歇 30～60s。

拓展阅读 ## 润物细无声

敬畏生命　立德树人：感恩之心、生命教育、规则意识、体育精神。

【章节练习】

考试题型：分为单选题 10 道、判断题 5 道、讨论题 1 道。

一、单选题

1. 在拖带过程中，应时刻注意溺者的（　　　）不可没在水下。

　　A. 鼻　　　　　　B. 口　　　　　　C. 口、鼻　　　　D. 头颈部

2. 救生员在施救时颈部被溺水者抱持时应用（　　　）法解脱。

　　A. 反（扭）关节　B. 推击　　　　　C. 夹鼻推颌　　　D. 转腕

3. 做现场心肺复苏术前，一般首先检查溺者有无意识。检查必须要在（　　　）秒内完成。

　　A. 2　　　　　　B. 3　　　　　　C. 4　　　　　　D. 5

4. 水上救生工作的中心是（　　　）。

　　A. 观察　　　　　B. 判断　　　　　C. 安全　　　　　D. 救助

5. 游泳池的中心工作应该是（　　　）。

　　A. 安全　　　　　B. 施救　　　　　C. 日常管理　　　D. 先进设备

6. 游泳池救生观察台的高度不应低于（　　　）米。

　　A. 3　　　　　　B. 2.5　　　　　　C. 2　　　　　　D. 1.5

7. 溺水者持续闭气时间一般最长（　　　）秒左右。

      A. 30   B. 60   C. 90   D. 120

8. 观察是指救生员值岗时，不间断地扫视、环视自己所负责的责任区域，防止造成溺水事故发生的一种专门的（   ）。

      A. 救生技术   B. 赴救技术   C. 游泳技术   D. 救生手段

9. 人在游泳时能体会到由于水有（   ）而产生上浮力。

      A. 阻力   B. 压力   C. 升力   D. 反作用力

10. 做现场心肺复苏术前，一般首先检查溺者有无意识。检查必须要在（   ）秒内完成。

      A. 2   B. 3   C. 4   D. 5

二、判断题

1. 对紧张挣扎的溺水者，使用侧泳技术采用夹胞胸的方法，能严紧地控制住溺水者。   （   ）

2. 当水中发现溺水者时，应首先判断溺水者有无呼吸。   （   ）

3. 救生员次责区不得超过 250m²。   （   ）

4. "抓发"解脱后，应及时将溺水者转体至背贴救生员前胸，夹胸控制住。（   ）

5. 使用斜方肌挤压法时，救生员应双手虎口张开，在溺水者头部两侧插入肩下至斜方肌，掌心向下，压紧斜方肌。   （   ）

三、讨论题

心肺复苏有哪些步骤？

第六章　游泳裁判

【章节导入】

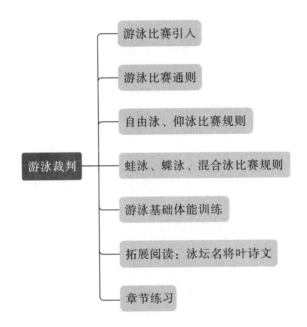

【学习目标】

1. 通过教学使学生对游泳运动的规则有更深的认识，激发学生对游泳的学习兴趣；

2. 通过教学使学生了解游泳运动基本的规则与判罚；

3. 通过教学使学生掌握一般比赛规则，体会规则的作用。

第一节　游泳比赛引入

初学者通过学习《游泳竞赛规则》中通则和各泳式比赛规定，可以了解各泳式的基本竞赛要求，能基本辨识出各泳式的犯规情况。该知识点既是教会初学者看懂游泳比赛的有效方法，也是让初学者对游泳运动产生兴趣的有效手段。

游泳比赛通则

第二节　游泳比赛通则

一、出发的规定

（1）自由泳、蛙泳、蝶泳、个人混合泳及自由泳接力的比赛必须从出发台出发。仰泳比赛、混合泳接力比赛的第 1 棒必须从水中出发。

（2）出发指令说明：出发指令顺序为短哨——长哨——"各就位"（中文口令）或"take your marks"（英文口令）——电笛声或枪声。

（3）在发令员发出"各就位"或"take your marks"口令后，运动员应立即做好出发姿势。在电笛声或枪声未发出前，必须处于静止状态，否则按抢跳或蓄意不服从命令判罚。

二、比赛规定

（1）各泳式比赛中，运动员都应使身体保持在水面游进（出发与转身时除外）。其中，自由泳、仰泳在整个游程中，运动员身体的某一部分必须露出水面；蛙泳在每个完整的动作周期内（即 1 次划臂、1 次蹬腿），运动员头的一部分必须露出水面。

（2）各泳式在出发和每次转身时，均可在遵守各泳式相应规则的情况下，将身体没入水中游进。其中，蝶泳、仰泳、自由泳出发和每次转身后，在 15m 前（含 15m），运动员头的一部分必须露出水面；蛙泳出发和每次转身后则可没入水中并做 1 次手臂充分向后划至腿部的动作，可在第 1 次蛙泳蹬腿动作前打 1 次蝶泳腿。

（3）运动员应始终在其出发的同一泳道内比赛和抵达终点。

（4）在所有项目中，运动员转身时必须按各泳式的规定触及池壁，不允许在池底跨越或行走。

（5）在自由泳项目和混合泳项目的自由泳段比赛中，允许运动员在池底站立，但不得行走。

（6）不允许拉分道线。

（7）比赛中，运动员不得使用或穿戴任何有利于其速度、浮力、耐力的泳装和器材（如手蹼、脚蹼、弹力绷带或黏胶材料等）。

（8）游出本泳道阻碍其他运动员或以其他方式干扰其他运动员者，判定犯规。

自由泳、仰泳
比赛规则

第三节　自由泳、仰泳比赛规则

一、自由泳

自由泳比赛中，可采用任何泳式。但在个人混合泳及混合泳接力比赛中，自由泳是指除蝶泳、仰泳、蛙泳以外的泳式。

每次转身和到达终点时，运动员身体的某一部分必须触及池壁。

在整个游程中，运动员身体的某一部分必须露出水面（出发与转身时除外）。

在自由泳项目和混合泳项目的自由泳段比赛中，允许运动员扶分道线休息，但不得拉分道线帮助前进。

二、仰泳

通俗地讲，只要是以仰卧方式游进，就是仰泳。

除做转身动作外，运动员在整个游程中应始终呈仰卧姿势，允许身体做转动动作，但必须保持与水平面小于 90°的仰卧姿势，头部位置不受此限。

仰泳转身时允许肩的转动超过垂直面，之后立即做 1 次连贯的单臂划水或双臂同时划水动作，并以此划水动作作为转身动作的开始。此划水过程中可打腿，但划水结束后不得再滑行或漂浮打腿，否则判罚犯规。

仰泳比赛中，游进过程中改变仰卧姿势，转身时未呈仰卧蹬离池壁，未呈仰卧到达终点，到达终点时身体完全没入水中，判定犯规。

蛙泳、蝶泳、
混合泳比赛规则

第四节　蛙泳、蝶泳、混合泳比赛规则

一、蛙泳

蛙泳比赛中，运动员身体应保持俯卧，任何时候都不允许身体呈仰卧姿势。整个游程中，动作周期必须是以 1 次划臂和 1 次蹬腿的顺序完成，否则判定犯规。

游进过程中，在每个动作周期内，头的一部分未露出水面，两臂或两腿的所有动作未同时并在同一水平面上进行，两手未经胸前伸出，肘关节露出水面（转身前最后 1 次划水动作、转身中和到达终点前的最后 1 次划水动作除外），两手划水超过臀线（出发和每次转身后的第 1 次划水动作除外），两脚未做外翻动作，每次蹬腿结束后有明显的屈膝下打或打蝶泳腿动作，转身时未呈俯卧蹬离池壁，均判定犯规。

在出发或每次转身后打 1 次以上蝶泳腿或打自由泳腿，判定犯规。

在每次转身或到达终点时单手触壁或双手未同时触壁，判定犯规。

二、蝶泳

蝶泳比赛中，运动员身体应保持俯卧，任何时候都不允许身体呈仰卧姿势，否则判定犯规。

游进中双臂未在水面同时前摆，未在水下同时向后划水，两腿打腿动作不同时，蹬蛙泳腿，转身时未呈俯卧蹬离池壁，在每次转身或到达终点时单手触壁或双手未同时触壁，均判定犯规。

三、混合泳

个人混合泳比赛中，未按照蝶泳－仰泳－蛙泳－自由泳的顺序进行比赛，每种泳式未完成赛程四分之一距离，每一泳式不符合对应泳式有关规定，在仰泳转蛙泳过程中未呈仰泳姿势触及池壁，均判定犯规。

混合泳接力比赛中，未按照仰泳－蛙泳－蝶泳－自由泳的顺序进行比赛，每一泳式不符合对应泳式有关规定，均判定犯规。

第五节　游泳基础体能训练

一、动作名称：交叉式登山练习

功能：腹肌训练。

二、动作步骤

交叉式登山练习动作步骤如下：

身体保持俯卧撑姿势；

双脚向前提，膝盖尽可能提高，并让臀部放低，保持平撑姿势，脚在往前提的时候尽量让膝盖碰到对侧手；

交换另一侧，重复以上动作。

三、动作要点

交叉式登山练习动作要点包括：身体保持正直，控制自己的动作；尽量将膝关节提高；尽量碰到对侧手肘，熟练后加快速度。

四、练习次数

以上为一个完整动作，男女生各三组：男生 12 次/组，左右腿各 6 次/组；女生 10 次/组，左右腿各 5 次/组

拓展阅读 　　　　　　　　　　## 泳坛名将叶诗文

叶诗文是世界泳坛自 1978 年到现在为止最年轻的世锦赛个人项目冠军；"95 后"登上世界游泳锦标赛个人项目冠军领奖台的第一人；中国泳坛历史上最年轻的个人项目长池世锦赛冠军；中国游泳历史上最年轻的亚运双冠王；世界游泳历史上最年轻的奥运双冠王；中国游泳历史上第一个奥运游泳双冠王；禁止快速泳衣之后，世界上第一个打破世界纪录的女运动员；奥运会百年历史上绝无仅有的在最后冲刺阶段的分段成绩胜过同项目男子奥运冠军的女运动员；中国游泳历史上第一个金满贯得主；亚洲游泳历史上第一个大满贯得主；世界泳坛历史上年龄最小的大满贯运动员。

叶诗文的社会贡献体现在：2019 年 10 月，叶诗文参加幸福七巧板公益支教活动。8 月 7 日，2019 游泳世界杯济南站，泳坛名将叶诗文、刘湘、徐嘉余、季新杰出席书法公益活动。2018 年 8 月 22 日，新浪浙江联合浙江省残疾人联合会、浙江康复医疗中心在钱塘江畔发起了彩虹爱心健康跑活动，叶诗文、眭禄暖心陪跑，旨在呼吁全社会共同关心重视残疾预防工作。2016 年 10 月 27 日，叶诗文同国家游泳队探访小学支持"一校一梦想"公益项目。2013 年 10 月 22 日，叶诗文参加集运动、健康、娱乐为一体的大型公益活动——全民健身万里行。

【章节练习】

考试题型：分为单选题 6 道、判断题 7 道、讨论题 5 道。

一、单选题

1. 在出发或每次转身后打（　　）以上蝶泳腿或打自由泳腿，判定犯规。

　　A. 1 次　　　　　　　B. 2 次　　　　　　　C. 3 次　　　　　　　D. 4 次

2. 个人混合泳比赛中，各种泳姿顺序是什么？

　　A. 蝶泳－蛙泳－仰泳－自由泳　　　　B. 蝶泳－仰泳－蛙泳－自由泳

　　C. 蛙泳－蝶泳－仰泳－自由泳　　　　D. 蛙泳－仰泳－蝶泳－自由泳

3. 以下哪种器材在比赛中禁止佩戴（　　　）。

    A. 泳帽　　　　　　　B. 手蹼　　　　　　C. 耳塞　　　　　D. 泳镜

4. 蝶泳、仰泳、自由泳出发和每次转身后，在_____米前（含_____米），运动员头的一部分必须露出水面。（　　）

    A. 10　　　　　　　　B. 15　　　　　　　C. 20　　　　　　D. 25

5. 仰泳除做转身动作外，运动员在整个游程中应始终呈仰卧姿势，允许身体做转动动作，但必须保持与水平面_____90°的仰卧姿势，头部位置不受此限。（　　）

    A. 大于　　　　　　　B. 小于　　　　　　C. 等于

6. 仰泳转身时允许肩的转动超过垂直面，之后立即做_____次连贯的单臂划水或双臂同时划水动作，并以此划水动作作为转身动作的开始。（　　）

    A. 1次　　　　　　　B. 2次　　　　　　C. 3次　　　　　D. 4次

二、判断题

1. 仰泳比赛、混合泳接力比赛的第1棒，必须从出发台出发。（　　）

2. 在电笛声或枪声未发出前，必须处于静止状态，否则按抢跳或蓄意不服从命令判罚。（　　）

3. 通俗地讲，只要是以仰卧方式游进，就是仰泳。（　　）

4. 每次转身和到达终点时，运动员身体的某一部分必须触及池壁。（　　）

5. 混合泳接力比赛中，顺序是仰泳－蛙泳－自由泳－蝶泳。（　　）

6. 在自由泳项目和混合泳项目的自由泳段比赛中，允许运动员在池底站立，但不得行走。（　　）

7. 运动员必须在自己的泳道内完成比赛，否则即判犯规。（　　）

三、讨论题

1. 在裁判规则中自由泳的比赛规则有哪些？

2. 终点名次和计时成绩顺序不一致时有哪些处理办法？

3. 决赛时，如何安排泳道？

4. 在裁判规则中自由泳的比赛规则有哪些？

5. 终点名次和计时成绩顺序不一致时有哪些处理办法？

第七章　水中康复

【章节导入】

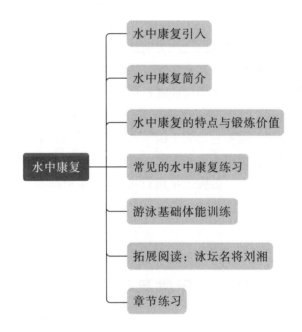

【学习目标】

1. 通过教学使学生对水中康复有初步的认识，激发学生对水中康复的学习兴趣；
2. 通过教学使学生了解水中康复的概念及方法；
3. 通过教学使学生体会水中康复的注意事项，培养学生安全意识。

第一节　水中康复引入

初学者通过学习水中康复的相关知识，可以了解水中康复的开展现状、功效和方法。该知识点是让初学者对水中运动及水中健身康复产生兴趣。

水中康复简介

第二节 水中康复简介

水中康复是充分利用水的自然特性与水中运动的生理生化基础知识对练习对象进行治疗、训练，为达到缩短康复治疗期，尽早恢复生活、劳动能力的目的而采取的水中锻炼方法。

康复训练能帮助伤病患者（包括普通患者、伤病运动员、残障人群等）恢复健康、治疗伤病、防止伤病复发、预防伤病发生以及提升体能以适应日常生活，乃至恢复专项训练。资料显示，成年人多发病有 50% 是由血液循环不良造成的，如腰痛、颈椎病、高血压、糖尿病、心脏病、更年期综合征等病症。水中康复练习可改善血液循环，促进新陈代谢，预防这些疾病的发生。在水中康复练习的过程中，播放合适的音乐，消除患者的焦躁与不安情绪，使之树立克服病症的自信心，进入轻松愉快的状态。

此次课程所涉及的水中康复主要侧重于基于运动的物理康复治疗，是利用水的浮力、压力、阻力进行锻炼，而不包含关于医学方面、水中加入化学成分等手段。

水中康复的训练内容包括水中平衡训练、水中关节体操、水中步行、步态训练（向前行走、向后行走、侧方行走、足尖或足跟行走等）、水中跑步、游泳、水中游戏（如水球）或水中踩脚踏车等。

水中康复的特点
与锻炼价值

第三节 水中康复的特点与锻炼价值

一、水中康复的特点

水中康复是一项有效的运动治疗方法，有许多其他运动方式没有的优点与特点。它能增强心肺功能，锻炼肌肉的肌力和耐力、韧带的柔韧性，还可以消耗多余的热量，以及获得良好的心理感受。和陆上各项运动比较起来，伤病患者在水中利用浮力、阻力能抵消很大部分体重，可减轻疼痛和运动对患处的冲击，能进行各方向的运动，能调动更多肌群参与运动，并且在温热水温的作用下，可降低患者痉挛概率，使患者获得接近正常的运动模式等。

二、水中康复的锻炼价值

（一）身体方面

可改善和增强伤病患者身体机能，提高身体的协调能力、耐力，改善心血管系统机能，促进身体机能康复。

（二）精神方面

增添伤病患者生活情趣，促进身心健康，扩大其生活领域。通过对体育活动规则知识的学习及对体育练习和比赛中技战术的学习研究，可培养伤病患者的自尊、自信和自豪感。

（三）社会方面

可促使伤病患者走出家庭，走出病房，积极融入社会生活。还可以通过意志和体能较量，向生命的潜能挑战，展示人的创造力和生命的价值。

常见伤病的水中
康复练习

第四节　常见的水中康复练习

一、手部水中康复练习

（一）抱球下压

动作要点：背靠池边或水线，双手持球手臂伸直，克服水的阻力将球压至水中，将球下压时注意保持手臂伸直，不要屈肘。

（二）向后推水

动作要点：双手截划手掌或阻力手套，双腿分开站立保持身体重心稳定，手掌对水同时向后推水至最高点，掌心向上推水至起始动作，推水时注意手臂伸直不要屈肘。

（三）体侧弹力带提拉

动作要点：身体直立，脚踩弹力带一端，手持弹力带另一端，直臂向水面拉起。

（四）拉力前平举

动作要点：脚踩弹力带一端，同侧手持弹力带另一端，直臂前平举向水面上拉。

（五）哑铃推拉

动作要点：反手握哑铃，手臂前平举，双手同时向回拉，再向前推至最远点。

（六）飞鸟

动作要点：双手持哑铃侧平举，直臂同时下压至体侧，再还原至起始位置。还原动作应加速，以避免借助浮力。

二、肘部和腕部的水中康复练习

（一）提肘下压

动作要点：双手持浮力哑铃，提肘，将哑铃压入水中至手臂伸直，再还原至起始位置。还原动作应加速，以避免借助浮力。

（二）前臂拨水

动作要点：前臂置于水中，可佩戴划水掌或阻力手套，前臂在水中上下反复下压和上抬或左右拨水。

（三）拨腕

动作要点：双手戴划水掌或阻力手套，在水中上下反复下压和上抬手腕或左右拨动手腕。

三、腰背部的水中康复练习

（一）哑铃举腿

动作要点：身体靠近池壁或水线获得支撑，将浮力哑铃夹在两腿之间压于水中，向上尽力举腿至水面，上举动作应加速，以避免借助浮力。

（二）顶髋

动作要点：双手扶池壁或水线，髋部向后送至最远端，脚尖离地上翘，保持数秒再还原。

（三）原地蹲起

动作要点：手扶池壁或水线，原地蹲起，下蹲时要蹲至最低处。

四、膝关节的水中康复练习

（一）弓步走

动作要点：弓步前行，手臂摆动平衡身体，步幅可尽量加大使肩没入水中，注意前腿的膝盖要正对前方。

（二）兔子跳

动作要点：双手侧平举保持平衡，屈膝下蹲至肩没入水中，再向上纵跳。

（二）前踢腿

动作要点：单手扶池壁或水线，单腿直腿尽力前踢至水面。注意支撑腿、练习腿均不要屈膝。双腿可交替练习。

（四）侧摆腿

动作要点：背靠池壁或水线获得支撑，单脚站立，另一腿直腿沿侧向反复上摆。注意支撑腿、练习腿均不要屈膝。双腿可交替练习。

五、踝关节的水中康复

（一）勾脚行走

动作要点：脚尖勾脚离地，用脚跟行走，注意控制步幅。

（二）坐姿后退

动作要点：坐在浮板上，手臂撑水保持平衡，踝关节发力后退走。

（三）单脚下蹲

动作要点：手扶池壁或水线，单腿支撑并做蹲起动作。双腿可交替练习。

第五节 游泳基础体能训练

一、动作名称：臀肌桥—双腿

功能：提高髋关节稳定性。

二、动作步骤

此动作步骤如下：

仰卧于垫子上，双手放于身体两侧；

臀部收缩抬起髋部，直至肩、躯干、髋、膝在同一直线上；

保持3~5s回到起始姿势。

三、动作要点

此动作有两个要点：注意背部不要出现弓形；肩、躯干、髋、膝保持同一直线。

四、练习次数

以上为一个完整动作，男女生各三组，男生15~20次/组，女生10~15次/组，组间间隔一分钟至90s。

拓展阅读　　　　　　　# 泳坛名将刘湘

1996年9月1日，刘湘出生于广东省广州市的一个体育世家，她的父母曾为篮球运动员。5 岁半时，刘湘因脊柱天生侧弯被父母要求去学习游泳，本不喜欢游泳的刘湘，后来在广州市天河区游泳比赛拿到冠军，因而才慢慢有兴趣并喜欢上游泳。2010年，刘湘因为选拔赛上的好成绩而进入广东游泳队，自此跟随何新中训练。

2016 年 9 月 3 日的广州市第二少年官，因为"泳坛女神"刘湘的到来而变得热闹非凡。这位土生土长的广州女孩从里约奥运会回家后，首次公开露面便选择了参与公益活动，与 50 多名儿童度过了一个欢乐的周末。现场的小朋友除了与刘湘争相合影，还时不时上前拥抱和送吻。身为游泳健将的刘湘，做起点心来也有模有样。喜欢孩子的她，活动上一直都在耐心得手把手地教孩子做月饼。刘湘还和孩子、义工一起与"狗医生"互动，呼吁大家关爱动物，关爱特殊儿童。

【章节练习】

考试题型：分为单选题 5 道、多选题 9 道、判断题 2 道、讨论题 4 道。

一、单选题

1. 水中康复练习不会有助于（   ）。

　　A. 血液循环　　　　　　　　　　B. 促进新陈代谢
　　C. 预防疾病发生　　　　　　　　D. 熟悉技术动作的要领

2. 以下的水中康复练习中哪一项不属于肘部和腕部的水中康复练习？（   ）

　　A. 提肘下压　　　B. 前臂拨水　　　C. 抱球下压　　　D. 拨腕

3. 以下的水中康复练习中哪一项不属于腰背部的水中康复练习？（   ）

　　A. 哑铃举腿　　　B. 弓步走　　　C. 顶髋　　　D. 原地蹲起

4. 以下的水中康复练习中哪一项不属于膝关节的水中康复练习？（   ）

　　A. 弓步走　　　B. 侧摆腿　　　C. 前踢腿　　　D. 哑铃举腿

5. 以下的水中康复练习中哪一项不属于踝关节的水中康复练习？（   ）

　　A. 勾脚行走　　　B. 坐姿后退　　　C. 兔子跳　　　D. 单脚下蹲

二、多选题

1. 康复训练能够帮助伤病患者（   ）。

　　A. 恢复健康　　　B. 治疗伤病　　　C. 防止伤病复发
　　D. 预防伤病发生　　　E. 提升体能

2. 水中康复的训练内容包括（   ）。

　　A. 水中平衡训练　　　　　　　　B. 水中关节体操
　　C. 水中步行　　　　　　　　　　D. 水中跑步

3. 水中康复的锻炼价值在身体方面有哪些？（   ）

　　A. 从身体方面来看，可改善和增强伤病患者身体机能

B. 提高身体的协调能力、耐力物理特性，可以将阻力效果达到最佳。

C. 可减轻疼痛和运动对患者的冲击

D. 能调动更多肌群参与运动

4. 水中康复胜于其他运动方式及陆上运动的优点，包含（　　）。

    A. 增强心肺功　　　　　　　　　　B. 锻炼肌肉的肌力和耐力

    C. 改善心血管系统机能，促进身体机能康复

5. 水中康复利用水的自然特性与水中运动的生理生化基础知识对练习对象进行的训练方式有（　　）。

    A. 水中平衡训练　　　　　　　　　B. 水中关节体操

    C. 水中步行步态　　　　　　　　　D. 高台跳水

6. 以下选项中属于肩部水中康复练习有哪些？（　　）

    A. 弓步走　　　　B. 原地蹲起　　　　C. 抱球下压　　　　D. 哑铃推拉

7. 常见的肩部水中康复练习有哪些？（　　）

    A. 抱球下压　　　　B. 向后推水　　　　C. 体侧弹力带提拉

    D. 拉力前平举　　　E. 哑铃推拉　　　　F. 飞鸟

8. 常见的膝关节的水中康复练习有哪些？（　　）

    A. 弓步走　　　　B. 侧摆腿　　　　C. 前踢腿　　　　D. 兔子跳

9. 常见的踝关节的水中康复练习有哪些？（　　）

    A. 勾脚行走　　　　B. 坐姿后退　　　　C. 兔子跳　　　　D. 单脚下蹲

三、判断题

1. 水中康复练习时，可利用适当轻松的音乐放松自己的不安情绪。　　　　（　　）

2. 此课程中，水中康复练习主要侧重于基于运动的物理康复治疗，并且包含有关医学方面的手段治疗。　　　　（　　）

四、讨论题

1. 水中康复练习对我们游泳课程有些什么好处？

2. 水中康复的特点有哪些？

3. 常见的伤病的水中康复练习有哪些？举例说明。

4. 常见的膝关节的水中练习有哪些？举例说明。

第八章　水中健身

【章节导入】

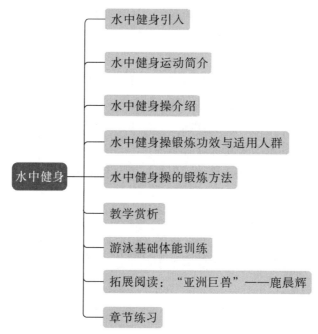

【学习目标】

1. 通过教学使学生对水中健身有初步的认识，激发学生对水中健身的学习兴趣；

2. 通过教学使学生了解什么是水中健身及其方法；

3. 通过教学使学生了解水中健身的注意事项，提高安全意识。

第一节　水中健身引入

初学者通过学习水中健身运动及水中健身操相关知识，可以了解水中健身运动的分类、国内外开展现状、锻炼功效和方法。学习该知识点是激发初学者水中运动的兴趣的有效手段。

水中健身
运动简介

第二节　水中健身运动简介

水中健身活动一直被人们认为是一项时尚的现代健身练习方式。两千多年前，人类就开始嬉水活动。从沐浴开始，逐渐出现了各种水中娱乐、水中康复练习活动。我国春秋时代的"天池"、汉代的"太液池"等都是当时贵族常去玩乐的场所。古希腊也出现了一些水中的健身与娱乐活动，如水浴、水中康复及水中游戏等活动，深受人们的欢迎。其后的古罗马帝国也开展了一些水中健身活动，两千年前的卡拉卡拉浴场的墙上就已刻有"水是健康之本"的字样，每天有数千人利用此浴场沐浴和水中锻炼。这就是人类史上早期的水中健身活动。20世纪80年代兴起的水中健身练习也可以称为现代水中健身活动。

现代水中健身活动在美国、德国、日本等国家开展情况较好，深受广大健身爱好者的青睐。据统计，美国的水中健身行业从业人数已经超过18000人，约有600万美国人定期从事水中健身活动。如今，美国各地的健身吧、酒店和旅馆健身房中大都配有水按摩池和水中健身操池。医院的水中康复治疗盛行，一些孕妇也会参加水中健身课程。

日本有1000多个游泳俱乐部，进行各种水中健身活动的人有数百万之多，俱乐部水中健身课程包括有氧练习、伸展练习、整理活动三个部分。课上使用打水板、划水掌、浮力棒、负重背心、浮力泳服等水中健身操辅助器具。练习中让练习者身体跟随音乐的节奏在水中跳舞，将舞蹈与水中运动密切结合，充分发挥两者的长处。

此外，德国有温泉以及各式各样的水疗康复机构、疗养院；法国的海水、海藻疗法取得了很好的康复、健身效果；水中锻炼活动在澳大利亚也深受大众喜爱，他们把水中健身操当成是一种医疗方法，坚信水中健身运动对心血管疾病、糖尿病都有很好的疗效。

中国现代水中健身活动的发展历时已有近20年。起初，在北京、南京、天津、武汉、成都、深圳等地的健身俱乐部都或多或少开设了水中健身练习课程。发展至今，其内容的形成经历了一个渐进的发展过程。现代水中健身练习内容有徒手水中有氧练习、水中行走、水中跑步、水中跳跃、水中康复练习、水中休闲球类活动等形式。此外，使用专门器械进行各种水中锻炼形式也百花齐放。现在，中国水中健身活动已形成了包括水中健身操、水中康复练习、水中体能练习和其他各种水中活动等内容的完整体系。

水中健身操
的介绍

第三节 水中健身操的介绍

水中健身操的全称为水中有氧健身操，又称水中健美操、水中有氧操和柔水操等。水中健身操是站在齐腰深的水中或佩戴浮具在深水中，随着音乐并在教练的带领下，根据不同人群的需要进行不同方式的有氧、形体、康复等训练，可以采用单人、双人或多人集体的锻炼形式。一般一节水中健身操课程为45min，课程主要包括伸展运动、力量操、放松操、灵敏训练、柔韧训练等练习。

一节水中健身操课程的内容丰富，有池边垫上操、水中有氧操、水中塑形操和水中伸展操等，有的健身俱乐部还开设了水中搏击操、水中瑜伽和产后形体康复操等，一节课中丰富的锻炼内容可让练习者能全心投入锻炼。比起其他单一的训练方式，水中健身操更容易让人产生兴趣。健身者就像做游戏一样，跟着教练在音乐的节奏下在水中进行跑、跳、走等运动，利用水的阻力、浮力和传热性进行全身耗氧运动，能有效地分解全身的热量。水中健身操已经成为越来越多时尚女性夏日的健身首选。

水中健身操的
锻炼功效和
适用人群

第四节 水中健身操的锻炼功效
与适用人群

水中健身操主要是利用水的浮力、阻力、压力，通过四肢、躯干的活动以及利用水环境使人体能够做水平的运动，来提高心肺机能、肌肉力量和关节的柔韧性。水中健身操的锻炼场地应选择在游泳池的平底浅水区，水的深度根据不同的练习动作来确定，一般在齐腰或齐胸的水中进行，也可在深水进行，但需由专门人员进行指导。

水中健身操锻炼效果有别于一般的游泳。其训练强度比游泳低20％～30％，相对来说，水中有氧操的效果更加明显，由于它是热身运动和精神放松运动的一种结合形式，所以它可以起到塑形美体、按摩护肤、缓解压力的作用，身体受过伤的人练习还可以起到一定的康复作用。而且水中健身操还可以全面带动身体各部位肌肉群，这些效果都是一般的游泳训练很难达到的。

水中练习不易产生伤害且没有"技术门槛"。水中健身操是在水中进行的一种很安全、很容易的有氧活动，水的浮力作用可大大减轻对身体各关节的冲力，只要在上课之前按照教练的要求做好准备活动就不会有什么伤害，练习者有一些水性的话会更好，但即使不会游泳也没有关系，因为一般的练习水中健身操的水池都在 1.1～1.3m 之间，双脚完全可以触及池底，所以不习水性的初学者也完全不用害怕。

水中健身操比较适合于中老年人和妇女，也适合体力较弱、某些慢性病患者以及伤残人的身体锻炼，对他们的身心健康都有着积极的促进作用。

水中健身操的
锻炼方法

第五节　水中健身操的锻炼方法

一、规定动作 1——长城万里

动作要领：

（1）上肢手臂做侧平举打开，掌心相对在胸前直臂叉。

（2）下肢向体侧迈出侧面移动，下肢呈半蹲姿势。

要求：

（1）水中移动时，手腿配合同时运动，手心相对，体会水的阻力。

（2）移动时注意保持身体的平衡。

二、规定动作 2——大开大合

动作要领：

（1）双腿在水中进行开合跳跃动作（落地时还可以变换方向）。

（2）双臂在水中做侧平举打开和掌心相对手腕交叉动作。

要求：

（1）分腿屈膝蹲时，两脚自然外开。

（2）在安排队形时注意队员的身高。

三、规定动作 3——翩翩飞燕

动作要领：

（1）两腿弯曲于肩同宽，双手手腕在体前交叉。

（2）双臂打开至体侧，蹬地小跳，双腿屈膝踢腿，划水帮助维持身体平衡。

（3）完成踢腿后，屈膝两腿缓缓回落到原地，双手直臂向内回到起始动作。

要求：

（1）双腿分开向上踢腿时，屈膝抬抬大腿，小腿向上踢尽量使足部贴近水面。

（2）两脚左右分开时必须尽力伸直。双臂充分地伸展开。

四、规定动作4——团团圆圆

动作要领：

（1）双臂平举于至水平面屈膝，身体呈直立状态。

（2）屈膝并向胸部靠拢，双手抱膝于胸前。

（3）双臂打开平举于水平面，双膝落地回到原点。

要求：

（1）保持身体重心，腹部收紧。

（2）注意利用水的浮力，使用腰腹部肌肉力量将腿收至于胸前。

（3）注意避免出现跳跃动作。

五、规定动作5——马踏飞燕

动作要领：

（1）掌心向后双臂伸直向后划水，同时一腿屈膝，前顶胯。

（2）翻掌后向上从后往前划水，身体前倾，顶胯腿落地做弓箭步，同时另一腿直腿后踢。

（3）以上（1）（2）表述动作重复进行，左右交替。

要求：

（1）后踢腿的动作要充分，保持大腿伸直。

（2）尽量大幅度地完成动作，手臂协调配合保持身体的平衡和稳定。

（3）手掌对水，前后摇摆时注意顶胯，体会水的阻力。

六、规定动作6——风中杨柳

动作要领：

（1）双手在体侧，两腿分开与肩同宽，呈半蹲姿势。

（2）手背向上，经体侧向前直臂划水，屈膝、屈髋、臀部后翘。

（3）掌心向后，经体侧向后直臂划水，屈膝、顶髋挺出。

要求：

（1）髋部及两臂在动作中进行最大限度的运动。

（2）双臂经体侧做前后的划手动作。

（3）在进行动作练习时，注意身体保持平衡。

教学赏析

第六节　教学赏析

教学赏析一规定动作。

教学赏析一划手动作。

教学赏析一集体棒动作。

第七节　游泳基础体能训练

一、动作名称：俯桥－单手伸

功能：躯干支柱力量与稳定。

二、动作步骤

此运动步骤如下：

呈俯卧姿势，双肘屈肘 90°，支撑于肩部正下方，双脚与肩同宽；

双肘推起呈双肘双脚支撑姿势，保持背部平直呈一条直线；

保持身体稳定不动，抬起左手向前伸直保持 1~2s；

放下左手，抬起右手，交替进行。

三、动作要点

此动作有两个要点：保持身体稳定呈一条直线；注意不要塌背。

四、练习次数

以上为一个完整动作，男女生各三组，男生 10~20 次/组，女生 8~15 次/组。

"亚洲巨兽"——鹿晨辉

　　鹿晨辉，中国男子健美运动员，2018 年获得健美黄金联赛男子健美职业无差别组冠军。

　　其实鹿晨辉最开始也不是一帆风顺的，就像普通人一样历经坎坷。刚刚进入社会的时候，鹿晨辉受家人安排当了一名厨师，后来他自己跳槽到一家公司担任保安。后来在机缘巧合下，他接触了健美运动，在健身房的时间也让他很享受，他很喜欢一次次挑战身体极限和挥汗如雨的快感。于是鹿晨辉去了一家健身房打工，他给人干过保洁，也为人擦过哑铃。在漫长的时间里，他干过很多脏活累活，但是他热爱着健美运动，为了能看见更广阔的世界，他用空闲时间乘坐火车来回穿梭在各个城市参加健美比赛。有时候为了省钱，他来回都是买站票。

　　鹿晨辉现在是梦想健身学院院长，在中国健美界有着巨大的影响力，将健美运动带进大众视野。

【章节练习】

考试题型：分为单选题 6 道、多选题 2 道、判断题 4 道、讨论题 3 道。

一、单选题

1. 水中健身的性质是（　　　　）

　　A. 有氧运动　　　　　　　　　　B. 无氧运动

　　C. 有氧无氧结合运动　　　　　　D. 全都是

2. 水中健身在水中多少米的地方进行？（　　　　）

　　A. 1.6～1.7m　　B. 1.9～2.0m　　C. 1.10～1.11m　　D. 1.3～1.6m

3. 水中健身包括（　　　　）

　　A. 水中瑜伽　　　B. 水中器械　　　C. 水中有氧操　　D. 全都是

4. 水中健身的兴起时间是（　　　　）

　　A. 19 世纪中期　　B. 20 世纪中期　　C. 30 世纪中期　　D. 40 世纪中期

5. 一节水中健身操课程为（　　　　）。

　　A. 30min　　　　　　　　　　　　B. 45min

　　C. 60min　　　　　　　　　　　　D. 120min

6. 水中健身的水温宜为（　　　　）

A. 20℃   B. 32℃   C. 27℃   D. 15℃

二、多选题

1. 现代水中健身练习内容有（　　）

   A. 徒手水中有氧练习   B. 水中行走

   C. 水中跑步、水中跳跃   D. 水中康复练习

2. 水中健身操课程有（　　）

   A. 池边垫上操   B. 水中有氧操   C. 水中塑形操   D. 水中伸展操

三、判断题

1. 水中健身相当于游泳。　　　　　　　　　　　　　　　　　　　（　　）

2. 水中健身是一种新型的无氧运动。　　　　　　　　　　　　　　（　　）

3. 水中健身被世界各国健身专家公认为最有效、最快捷、最安全的塑身运动。

　　　　　　　　　　　　　　　　　　　　　　　　　　　　　　（　　）

4. 游泳健身属于大众游泳的范畴。　　　　　　　　　　　　　　　（　　）

四、讨论题

1. 水中健身中的水中瑜伽六大功效有哪些？

2. 水中健身操的规定动作及其动作要领和要求有哪些？

3. 水中健身的好处是什么？

第九章　水球

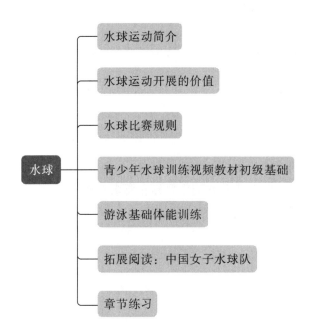
【学习目标】

1. 通过教学使学生对水球运动有初步的认识，激发学生对水球运动的学习兴趣；

2. 通过教学使学生了解水球比赛的基本技术与规则；

3. 通过教学使学生感受水球运动的比赛，培养学生团结协作的能力与奋发向上的精神。

水球运动简介

第一节　水球运动简介

水球运动，顾名思义是水中的球类运动。水球运动的出现基于游泳运动的发展，由于游泳项目较为单调，比赛也较为枯燥、参与性低，人们因此产生了对一项更新潮、也更加有趣的参与性强的水中运动的需求。

水球是一项以游泳为基础的球类运动，水球运动员需要通过游泳的方式来进行移动。它是结合了手球、篮球等技术特点的集体球类运动，其规则类似于足球，以将球射入对方球门为目的，进球数多的一方为胜。

水球源于19世纪中叶的英国，最初在贵族俱乐部中兴起，是人们游泳时在水中传掷足球的一种娱乐活动，因此有"水上足球"之称，后逐渐形成两队之间的竞技运动。

在1900年巴黎的第二届奥林匹克运动会上，水球运动被列为奥运会正式比赛项目。20世纪20年代，水球运动经香港传入广东一带。自1959年第一届全国运动会起，水球运动就是全运会的正式比赛项目。

提到水球运动，相信大部分中国观众会认为这是一个冷门项目。的确，水球运动之前在我国的认知度与普及度并不高，即便在国内举办的一些高水平国际、国家级赛事，观众也常常寥寥无几。然而，水球运动其实具备成为热门项目的潜质。水球运动的精彩、激烈程度丝毫不逊色于足球运动，在奥运会中，水球比赛更是上座率极高的赛事。水球在欧洲拥有非常高的普及度与喜爱度，欧洲水球比赛的赛场经常座无虚席。在瑞典、挪威与丹麦，水球运动甚至被称为"第一运动"；在澳洲，相当比例的游泳俱乐部同时开展水球运动；在美国，水球运动的普及度也超过足球。

国内水球运动发展概况：目前开展专业水球比赛的省市有上海、广东、湖南、广西、天津、四川、福建、云南、陕西、山西。为了大力普及水球运动，国家在针对专业队开展全国锦标赛与全国冠军赛之余，又增加了全国大学生锦标赛以及全国青少年锦标赛等赛事，为更多孩子提供参赛、达级甚至考学的机会。

目前开展水球运动的大学包括：中山大学、广西民族大学、中国海洋大学、昆明学院、同济大学、成都体育学院、湖南师范大学、西安电子科技大学、大连海事大学、山西大学、中南大学、中国石油大学、中国地质大学。

目前开展业余青少年水球运动的省市有：北京、天津、广东、深圳、上海、山西、四川、重庆、宁夏、广西、陕西、云南等。

水球比赛
开展的价值

第二节　水球比赛开展的价值

集体运动项目具有促进青少年社会化的优势。集体运动对进攻和防守队员都有着十分细致和全面的规则，以两队成员相互协助，共同攻守的对抗形式进行竞赛，使整体的智慧与技能协同配合，反映和谐互助的团队精神。在这个小集体中，队员扮演着不同的角色，承担着不同的任务。为了获得比赛的胜利，青少年会沟通技战术，集体无形中给青少年提供一个良好的社会环境，比赛公平公正、团结互助、努力拼搏的精神，更是现实社会人际关系公共道德的体现。青少年在集体运动项目中认识并遵守比赛规则，为接受遵守社会行为规范、社会秩序打下了良好的认识基础。

集体运动项目有助于青少年改善性格内向、孤僻、不合群、不善于与人沟通等弱点，长期坚持可以增强自身活力、锻炼合作精神，逐渐改变个人性格，对于未来的生活、学习、工作都有帮助。

集体运动项目有助于青少年增强自信心，提高竞争力，同时改变遇事易紧张的状态。由于比赛中形势多变，且过程紧张激烈，因此只有沉着冷静才能掌握局面、取得优势。青少年经常参加竞争性强的运动，能够学会遇事从容，不会被情绪左右判断与行为，对其成长大有益处。

水球比赛正是这样的集体运动项目，可以帮助青少年巩固提高游泳技术，同时让孩子们通过项目学会合作、团结、交流等，同时也培养良好的抗压能力。这些都对青少年未来发展有益。

水球比赛吸引更多潜在观众与球迷后，产生更多参与者，形成良性循环。它与陆上集体球类项目效果相同，但冲撞烈度相对更小，损伤概率更低。相较陆上集体球类项目，水球运动对身高的要求更低，参与者的门槛更低。

水球比赛规则

第三节　水球比赛规则

水球比赛时，每队上场 7 人，包括守门员 1 人。

水球比赛时间为 32min，分 4 节进行，每节 8min，死球时停表。两节间休息 2min，中场休息 5min，同时交换场地。场外替补队员 6 人，比赛中任何时间均可换人。除守门员外，任何人不得用双手触球。比赛时，以球体整体穿过球门线为得分。得分后，双方队员应回到本方半场，由失分一方队员在中线的中心点开球。比赛中，一方进攻控球时间不得超过 35 秒。

男子水球标准场地设在人工游泳池中，场地长 30m，宽 20m，水深在 1.80m 以上；女子水球比赛场地长 25m，宽 20m，水深至少 1.80m。两端各有一个高 0.90m、宽 3m 的球门。比赛场地边线设置彩色浮标。红色浮标表示越位区域的禁线（离球门 2m 处），黄色浮标表示判罚 5m 直接任意球地点和同一犯规动作不同判罚尺度的禁线（离球门 5m）。帽子上有 1～13 号码，双方守门员均戴 1 号红色帽子，其他队员为 2～13 号。帽子上附有护耳器以防耳朵受伤。裁判员除使用哨子外，还要手持蓝、白旗以表示比赛双方。水球球门框涂成白色。高为距水面 0.90m，宽为 3m。男子水球周长为 0.68～0.71m，女子水球周长为 0.65～0.67m，中间充气，重量为 400～450g。

青少年水球训练
初级基础

第四节　青少年水球训练视频教材
初级基础

训练技术动作包含拍墙、踩水、陆上传球、水中传球、吊传、快射、射门动作、抱球打腿等动作。

第五节　游泳基础体能训练

一、动作名称：单脚支撑－上身前倾探地

功能：锻炼腿部肌肉，增强平衡性。

二、动作步骤

此运动步骤如下：

用左腿站立，右膝提起，同时抬起左手，把右手置于身后，做出正在跑步的姿势；

身体下沉，用右手触地，同时左手向后伸，使身体保持平衡；

最后回到开始时的直立姿势，并重复同样的动作并交换对侧。

三、动作要点

此运动要点包括：单腿站立做跑步姿势；手触碰地面；保持身体平衡，不左右晃动。

四、练习次数

以上为一个完整动作，男女生各三组，20 次/组，左右腿各 10 次/组。

拓展阅读　　　　**中国女子水球队**

中国女子水球队成立于 2004 年，曾荣获 2010 年、2014 年亚运会冠军和 2010 年世

界杯季军。中国女子水球队 2011 年获得世锦赛亚军，2013 年获得国际泳联世界水球联赛冠军，这是中国队的首个世界冠军，2018 年获得雅加达亚运会女子水球冠军。

2004 年 10 月 25 日，中国女子水球队成立，潘盛华担任主教练。中国国内只有天津、广西和四川等个别省（区、市）开展了女子水球运动，运动员不过百余人。

2007 年，中国女子水球队参加世界锦标赛，排名第 14；11 月，中国队聘请曾率西班牙男子水球队获得亚特兰大奥运会冠军的西班牙人胡安·贾内·吉拉尔特出任女队主教练。

2008 年，北京奥运会，中国女子水球队在小组赛中以 13 比 11 战胜 2007 年世锦赛铜牌得主俄罗斯队，11 比 12 不敌 2007 世锦赛冠军美国队，9 比 10 负于雅典奥运会冠军意大利队。在淘汰赛中，中国队士气高昂，11 比 12 一球惜败，10 比 7 击败意大利队，夺取女子水球比赛第 5 名。

2009 年，中国女子水球队在世界大学生运动会上夺取金牌。

2011 年 7 月 27 日，第 14 届上海游泳世锦赛，小组赛上，中国女子水球队 22 比 5 大胜南非，19 比 6 大胜古巴，9 比 10 惜败意大利；淘汰赛中，15 比 6 战胜西班牙，9 比 7 战胜加拿大，13 比 12 力克俄罗斯，晋级决赛；决赛 12 比 13 惜败给希腊队，最终获得亚军，实现历史性突破。

2012 年 1 月 27 日，在日本千叶县举行的第 9 届亚洲水球锦标赛暨伦敦奥运会资格赛上，中国队两战皆捷，分别大比分战胜哈萨克斯坦以及东道主日本队，在获得本届亚锦赛女子项目冠军的同时也拿到了直通伦敦奥运会的入场券，这是中国女水水球队第二次参加奥运会比赛，也是第一次在预选赛中赢得奥运门票。中国女子水球队也成为继女子曲棍球队，男、女篮球队和女排之后，中国第五支进军伦敦奥运会集体项目比赛的队伍。7 月，奥运会拉开战幕，中国女子水球队在小组赛第一场面对西班牙，以 6 比 11 告负；第二轮，中国队在一度以 6 比 3 领先的大好局势下遭对手逆转，最终以 10 比 11 不敌匈牙利队，惨遭小组 2 连败。8 月，伦敦奥运会小组赛三战皆负，中国队凭借马欢欢的进球，在加时赛中击败俄罗斯队，以总分 16 比 15 胜出，获得第五名。

2013 年 4 月，俄罗斯人克雷门诺夫·亚历山大接替西班牙人胡安走马上任。在克雷门诺夫的执教下，中国女水水球队在体能和技战术上都有所提高，狠抓细节，精益求精。以前中国队在胡安的带领下，节奏比较慢、稳，以不变应万变，但克雷门诺夫的打法很灵活，求变求快。2011 年世锦赛上拿到亚军后，中国队被世界各国视为重要对手，而胡安的战术也大多被各支强队吃透，伦敦奥运会中国队并未能取得预想中的好成绩。克雷门诺夫上任后，中国队有了更多新的变化，也让对手措手不及。6 月 6 日，2013 年世界女子水球联赛总决赛冠军争夺战，中国队以 8 比 7 战胜俄罗斯队，夺得冠军，这是中国女子水球队历史上首次夺得世界大赛的冠军。8 月 1 日，巴塞罗那世锦赛上未能进入前八。小组赛首战当中，中国队以 17 比 2 的悬殊比分狂胜南非队；小组赛第二轮比赛中，中国队的表现与首战大相径庭，以 5 比 14 惨败于强敌澳大利亚；第三轮，中国队以 13 比 5 战胜新西兰队；在 1/8 决赛中，以 10 比 11 惜败于奥运冠军荷兰队，无缘八强，未能续写上届世锦赛闯入决赛的辉煌。

2015年6月，刚刚完成新老交替，4老带9新，平均年龄21岁，新组队不到8个月，大赛经验稚嫩的中国队迎来了世界女子水球联赛总决赛。中国队起步并不顺利：小组赛前两场分别以6比11和5比11不敌意大利队和美国队，但队员们并没有气馁，而是一场比一场打得更好，小组赛末轮对阵俄罗斯打出了9比7的胜利成绩，半决赛仅以3比5的微弱劣势不敌世界级劲旅澳大利亚，止步四强。在争夺第三名的比赛中，5比10不敌欧洲劲旅荷兰队，交出了总决赛第四的成绩单。8月7日，在喀山游泳世锦赛女子水球5—8名排位赛中，中国女子水球队与希腊队战成9比9。点球大战中，杨珺两次扑出对手点球，尽管牛冠男没有罚进，但中国队以总比分13比12胜出，获得第五名。

2016年6月7日，2016国际泳联世界女子水球联赛总决赛在上海东方体育中心玉兰桥游泳馆开幕。中国队在第一场小组赛中成功逆转，以1球反超，8比7力克欧洲老牌劲旅意大利队。本场比赛，张澋和宋冬伦各有2球进账，赵子涵、梅笑寒、牛冠男和张婧各进1球。赛后，中国队主教练阿泽维多表示："我们今天的防守非常成功，进攻时的运气稍微差了一点，有多次射门但是都打在了门框上。不过这是总决赛的第一场比赛，开局不错，队员们不急不躁，很有耐心。"

2018年8月21日，中国女子水球队获得2018年雅加达亚运会女子水球冠军。

2019年3月31日，中国女子水球队获国际泳联水球世界联赛洲际杯第三名，晋级世界联赛年度总决赛，7月26日，获韩国光州游泳世锦赛女子水球第11。

2021年8月1日，在2020年东京奥运会水球女子组小组赛中，中国队以11比9险胜匈牙利队，成功晋级八强。

【章节练习】

考试题型：分为单选题9道、讨论题1道。

一、单选题

1. 水球于（　　）年被列为奥运会正式项目。

    A. 1900   B. 1910   C. 1905   D. 1908

2. 比赛中一方控球时间不超过多少秒？（　　）

    A. 25   B. 34   C. 35   D. 20

3. 一场水球共分几节？（　　）

    A. 一节   B. 两节   C. 三节   D. 四节

4. 下面哪一项不属于水球的技术动作？（　　）

    A. 打腿   B. 射门动作   C. 拍墙   D. 踩水

5. 水球运动一支队伍有多少人？（　　）

    A. 10   B. 12   C. 13   D. 14

6. 标准水球比赛场地水深多少米？（　　）

　　A. 1.2　　　　　　　B. 1.5　　　　　　　C. 1.8　　　　　　　D. 2.0

7. 水球在第（　　）届全运会正式亮相。

　　A. 一　　　　　　　B. 二　　　　　　　C. 三　　　　　　　D. 四

8. 全国水球比赛连续十三年冠军队是哪支队伍？（　　）

　　A. 天津队　　　　　　　　　　　B. 四川成都体院队

　　C. 上海队　　　　　　　　　　　D. 广东队

9. 水球运动一支队伍有多少人？（　　）

　　A. 10　　　　　　　B. 12　　　　　　　C. 13　　　　　　　D. 14

二、讨论题

水球运动推行的积极意义，以及可能遇到哪些问题？

第十章　花样游泳

【章节导入】

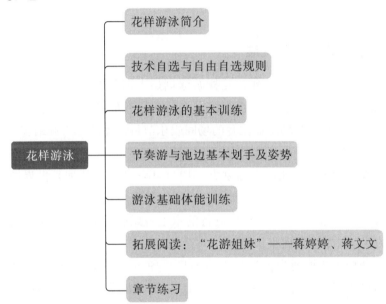

花样游泳
- 花样游泳简介
- 技术自选与自由自选规则
- 花样游泳的基本训练
- 节奏游与池边基本划手及姿势
- 游泳基础体能训练
- 拓展阅读："花游姐妹"——蒋婷婷、蒋文文
- 章节练习

【学习目标】

1. 通过教学使学生对花样游泳有初步的认识，激发学生对花样游泳的学习兴趣；

2. 通过教学使学生了解花样游泳的基本技术与规则；

3. 通过教学使学生感受花样游泳的比赛，培养团结协作、奋发向上的体育精神。

花样游泳简介

第一节　花样游泳简介

一、花样游泳的引入

花样游泳是一项具有艺术性的优雅的体育运动。初学者通过了解花样游泳运动的基本规则和基础训练知识，能够进行花样游泳的初级训练。练习花样游泳能使初学者拥有健康体魄，同时建立高尚的人格，塑造良好的品格，学会团队协作精神和挖掘自我潜能。

二、花样游泳的起源和发展

花样游泳起源于欧洲。1920 年，花样游泳创始人柯蒂斯（Katherine Curtis）将跳水和体操的翻滚动作编排成套在水中表演，之后在原有的基础上又逐渐配上舞蹈、音乐。起初花样游泳仅作为两场游泳比赛的场间娱乐节目，逐渐融入舞蹈和音乐后，成为一项优美的水上竞技项目。

1930 年后花样游泳传入美国和加拿大。1934 年，在美国芝加哥世界博览会演出的一场花样游泳引起轰动，这项运动从此名声大噪，但也遭到一些裁判的反对。之后影星埃瑟·威廉姆斯在 20 世纪 40~50 年代进行的水上音乐剧的表演，"花样游泳"作为女子水上运动的新兴舞蹈项目而很快走红。

1952 年，花样游泳被列为奥运会表演项目，1956 年，得到国际游泳联合会承认。1973 年，举行第 1 届世界花样游泳锦标赛。1984 年，花样游泳成为奥运会正式比赛项目，2000 年，改为双人和集体两个项目。2024 年，男子花样游泳运动员获准参加奥运会。

三、花样游泳的益处

花样游泳是水上运动之一。适当地进行花样游泳锻炼，不仅能带来心理上的愉悦，塑造修长匀称的体形，还能增强心血管系统的机能，增强体质，提高协调性、柔韧性和灵敏性，以及培养美感。

（一）改善心血管系统的机能

心血管系统包括心脏、肺和将吸入的氧运送到细胞的血管。花样游泳在克服水阻力时需要较多的能量，从而使心率加快，心排血增大。长期进行花样游泳锻炼，心脏体积呈运动性增大，心肌收缩有力，安静心率减慢，每搏血输出量增加以及血液红细胞数量较多，加上花样游泳憋气的特点，也可增加血管弹性。

（二）改善呼吸系统的机能

水的一个重要特点是难以压缩。水的密度比空气大 800 余倍，因而人在水中受到的压力远远大于在空气中受到的压力，这是初学者在水中感到呼吸困难的原因。由于身体在水中受到的压力，呼吸肌必须用更大的力量进行呼吸。花样游泳的能量代谢特点是有氧、无氧混合供能，经常练习花样游泳能够增强呼吸肌的力量，提高呼吸系统的机能水平。

（三）改善肌肉系统的机能

花样游泳是动作技能复杂的非周期性运动，需要全身肌肉参与，既有动力性动作，又有静力性动作，长期锻炼能够使肌肉的力量、耐力、稳定性和关节的灵活性，以及本体感觉都得到提高。此外，花样游泳的项目特点还可以促进人体柔韧性的改善。

（四）塑形美体

不论在水面上还是水下，花样游泳动作丰富多变，在多种路线运动轨迹的反复训练下，肌肉会变得柔软、坚韧而富于弹性。长期坚持花样游泳锻炼，既可以塑造修长匀称的身材，又可以锻炼健康挺拔的体态。

（五）美感教育

花样游泳是舞蹈和音乐结合的水上竞技项目，由游泳、技巧、舞蹈和音乐编排而成，并带有很高的观赏性。花样游泳通过优美流畅的肢体语言表达对音乐的理解，刚柔相济展现"水中芭蕾"的迷人风姿，在动作与音乐的完美融合中培养对音乐的审美感知，唤醒肢体对音乐律动的准确把握。

四、花样游泳在中国的发展现状

1984 年，中国举办首届全国花样游泳锦标赛。

2006 年，中国花样游泳队获得多哈亚运会（双人）金牌。

2008 年，中国花样游泳队获得北京奥运会（集体）铜牌。

2010 年，中国花样游泳队获得常熟世界杯（双人）金牌。

2012 年，中国花样游泳队获得伦敦奥运会（集体）银牌。

2016 年，中国花样游泳队获得里约奥运会（集体）银牌。

2017 年，中国花样游泳队获得世界游泳锦标赛（自由组合）金牌。

2021 年，中国花样游泳队获得东京奥运会（集体自由自选）银牌。

2022 年，中国花样游泳队获得布达佩斯世界游泳锦标赛（集体）金牌。

技术自选与自由
自选规则

第二节　技术自选与自由自选规则

奥运会花样游泳比赛集体项目 8 人参加，其中最多 2 名男运动员。

自选动作分为技术自选和自由自选。

一、技术自选规则

4～8 名运动员参加（成年组/青年组集体项目）

按规则的描述完成各个单项的特定数量的技术必做动作和自由必做动作（腿组合和技巧动作）以及可自由选择的衔接动作。

时间限制：

单人/男子单人技术自选：2min。

双人/混双技术自选：2min20s。

集体技术自选：2min50s。

（包括 10s 岸上动作）

二、自由自选规则

4～8 名运动员参加（成年组/青年组集体项目）。

按规则的描述完成各个单项特定数量的自由必做动作（腿组合、托举动作）和自由选择与音乐贴合的衔接动作。

时间限制：

单人/男子单人自由自选：2min15s。

双人/混双自由自选：2min45s。

集体自由自选：3min30s。

（包括 10s 岸上动作）

三、自由组合规则（少年组和 12 岁及以下组）

由 4～10 名运动员参加少年组和 12 岁以下组。

有特定数量的技术和自由必做动作，编排需贴合音乐。

时间限制：3min（包括 10s 岸上动作）。

所有自选比赛的时间允许有正负 5s 的误差。

备注：世界泳联（曾用名：国际泳联）花样游泳技术委员会将每隔四年对各项目的技术必做动作和自由必做动作数量进行选编，并报世界泳联执委会批准。

花样游泳的基本训练

第三节 花样游泳的基本训练

基本打腿

仰泳专项腿（单臂）：仰浮姿势准备，一臂上举靠进耳朵，一臂伸直上举，与身体呈 90°垂直。游进过程中，脸部保持在水平面上，手臂保持垂直，水位始终保持手臂、肩部在水平面。

仰泳专项腿（双臂）：仰浮姿势准备，两臂伸直上举，与身体呈 90°垂直。游进过程中，脸部保持在水平面上，双手保持垂直，水位始终保持在腋窝位置。

自由泳专项腿（抬头支撑）：俯卧水平面，上身上抬，始终保持直立，双手前伸比肩略宽，手心向下内外来回划水，双腿上下交替打腿。

踩水（水平）：上身前倾俯卧水面，双手前伸，双腿分开，大腿收至垂直于池底，脚踝上勾，脚掌向后，左右小腿交替向内画圈。

踩水（直立腹向）：身体保持直立水中，双手前伸（可做支撑划手），双腿分开，大腿上抬，脚踝上勾，左右小腿交替向内画圈。

侧泳腿（支撑）：保持身体侧卧姿势，单臂（任意左右臂）伸直放在头部上方（可做支撑划手），另一臂伸直放在水平面（与身体成直线），双腿前后交替打腿。

侧泳腿（单臂）：保持身体侧卧姿势，单臂（任意左右臂）上举与身体呈 90°垂直，水位始终保持在腋窝位置；另一臂伸直，放在头部上方（可做支撑划手），双腿前后交替打腿。

节奏游与池边
基本划手及姿势

第四节 节奏游与池边基本划手及姿势

一、节奏游：（根据节奏做出有规律的动作）

自由泳节奏游（曲臂）：俯卧水平面，上身上抬，始终保持直立，做自由泳曲臂节奏游。

仰泳节奏游（直臂）：仰卧水平面，做仰泳直臂（90°单臂）节奏游。

蛙泳节奏游（转头＋水平滚动）：俯卧水平面，上身上抬直立，做蛙泳节奏游，前伸手时头部做转动或水平面的滚动。

二、池边基本划手及姿势

池边仰浮划手：仰浮姿势，身体伸展，脸、胸、大腿和双脚位于水面。头（特别是两耳）、髋和踝成直线。双手位于体侧，比肩略宽，手掌向下，大臂不动，小臂带动手掌内外来回划水。

池边鱼雷划手：仰浮姿势，身体伸展，脸、胸、大腿和双脚位于水面。头、髋和踝成直线。双手上举比肩略宽，手掌向上，大臂不动，小臂带手掌内外来回划水。

池边俯浮划手：俯浮姿势，抬头肩部离开水面，双手位于体侧，大臂呈"八"状保持不动，小臂弯曲，手掌向下，小臂带动手掌前后来回划水。

池边单芭蕾腿（屈膝）：仰浮姿势，一腿保持在水面上，另一条腿的脚尖沿直腿内侧拉起成仰浮屈膝姿势。屈膝腿的大腿保持垂直姿势。

池边单芭蕾腿（直腿）：仰浮姿势，一腿保持在水面上，另一条腿的脚尖沿直腿内侧经过屈膝姿势，大腿不动，膝盖伸直成芭蕾腿姿势，直腿保持垂直。

备注：至少会一项游泳姿势就可以进行花样游泳初级训练。

第五节　游泳基础体能训练

一、动作名称：卷腹摸脚踝

功能：强化核心肌群。

二、动作步骤

卷腹摸脚踝动作步骤如下：

躺在地上，一条腿伸直，另一条腿弯曲，双手触摸弯腿的脚踝；

卷腹使头部和肩部离开地面，交换双腿并触摸脚踝；

重复以上动作，两腿交替进行。

三、动作要点

卷腹摸脚踝动作要点包括：保持腹部肌肉紧张；头部和肩部离开地面；每次练习必须摸到脚踝。

四、练习次数

以上为一个完整动作，男女生各三组，男生 20 次/组，左右腿各 10 次/组；女生

16 次/组，左右腿各 8 次/组。

拓展阅读　　　　"花游姐妹" ——蒋婷婷、蒋文文

蒋家姐妹蒋婷婷、蒋文文在 2006 年多哈亚运会上双人和集体项目上首次击败日本队，夺取金牌。两人在 2008 年北京奥运会花样游泳双人自由自选决赛获得第 4 名；2010 年获花样游泳世界杯冠军；2012 年伦敦奥运会花样游泳集体项目获银牌；2017 年 5 月 17 日，第 13 届全运会花样游泳比赛获双人自由自选决赛冠军。2017 年 7 月 16 日，在 2017 年国际泳联世锦赛中，蒋文文、蒋婷婷姐妹摘得技术自选银牌。2018 年 8 月 28 日，雅加达亚运会花样游泳双人自由自选，蒋文文、蒋婷婷姐妹两套节目合计 186.5101 分，迎来了两人第六枚亚运金牌。

蒋家姐妹的母亲邓阳君在怀孕的时候，正好看到电视上在放美国电影《出水芙蓉》，女孩练花样游泳有身材、有气质印象留在她心中，但完全没想到这个项目在中国不但没有普及，还要吃这么多苦。姐妹俩小时候长得又瘦又小，但四肢修长，为了让孩子多吃饭，有个好身体，母亲决定把她们送去学游泳。一个偶然的机会让当时在业余体校学游泳才两个月的姐妹被成都市体院的田川教练发现，随后推荐给四川省运动技术学院的李新双教练。姐妹俩伴着音乐跳了一段舞，于是她们就成了省队里最小的业余队员，10 岁又成为四川省花样游泳队的正式队员。

【章节练习】

考试题型：分为单选题 12 道、多选题 4 道、判断题 8 道、讨论题 1 道。
一、单选题
1. 花样游泳世界游泳锦标赛新增混双项目的时间为（　　　）
　　A. 2017 年　　　　　B. 2016 年　　　　　C. 1999 年　　　　　D. 1984 年
2. 我国哪一年获得世界游泳锦标赛新增混双项目？（　　　）
　　A. 2015 年　　　　　B. 2017 年　　　　　C. 2018 年　　　　　D. 2019 年
3. 花样游泳哪一年被列为奥运会表演项目？（　　　）
　　A. 1952 年　　　　　B. 1933 年　　　　　C. 1891 年　　　　　D. 1942 年
4. 哪一年将花样游泳设为表演项目？（　　　）
　　A. 1981 年　　　　　B. 1980 年　　　　　C. 1999 年　　　　　D. 1945 年
5. 花样游泳 1920 年起源于（　　　），创始人柯蒂斯将跳水和体操翻滚编排成套动

作，逐渐配上舞蹈、音乐和节奏。

    A. 欧洲   B. 亚洲   C. 非洲   D. 北美洲

6. 哪一年奥运会设双人、集体两项？（　　　）

    A. 1981 年   B. 1996 年   C. 1999 年   D. 1945 年

7. 花样游泳在哪一年得到国际游泳联合会承认？（　　　）

    A. 1956 年   B. 1942 年   C. 1952 年   D. 1973 年

8. 在花样游泳技术自选规则的单项技术自选的时间限制是（　　　）

    A. 2min   B. 3min   C. 2min20s   D. 以上都不是

9. 花样游泳比赛项目包括哪些？（　　　）

    A. 单人、双人   B. 混双、集体

    C. 自由组合、托举   D. 以上都是

10. 花样游泳运动中泳池的长度、宽度、深度是（　　　）

    A. 长 20m，宽 30m，深 2m   B. 宽 20m，长 10m，深 3m

    C. 长 30m，宽 20m，深 4m   D. 长 20m，宽 30m，深 3m

11. 花样游泳运动比赛中泳衣和头饰有什么规定？（　　　）

    A. 主题明确，不同风格

    B. 必须符合要求选择得体的服装，图案设计根据表现主题，头饰和泳衣的配色协调

    C. 自然健康，干净清爽，不允许戏剧性的妆容

    D. 可以穿着奇装异服

12. 单人技术自选有几分钟？（　　　）

    A. 3min   B. 5min   C. 2min   D. 4min

二、多选题

1. 花样游泳运动在比赛中要注意哪些小常识？（　　　）

    A. 比赛中不可佩戴首饰

    B. 比赛音乐要具有不同风格，主题明确

    C. 比赛妆容可以戏剧性的妆容

    D. 比赛中不可佩戴鼻夹

2. 花样游泳运动比赛项目中的托举项目的规则有哪些？（　　　）

    A. 由 8 至 10 名选手参加

    B. 托举技巧动作，所有参赛选手必须参与其中

    C. 时间限制：2min30s

    D. 以上都不正确

3. 花样游泳运动的基本打腿包括（　　　）

    A. 侧泳腿   B. 仰泳专项腿（双臂）

    C. 踩水（直立腹向）   D. 自由泳专项腿（抬头支撑）

4. 池边基本划手包括（　　　）

    A. 池边芭蕾腿（直腿）   B. 池边鱼雷划手

    C. 池边俯浮划手   D. 池边单臂划手

三、判断题

1. 中国在 1984 年举行花样游泳首届全国锦标赛。   （　　　）

2. 花样游泳比赛中的技巧自选规则的时间限制是 3min。   （　　　）

3. 花样游泳比赛中的妆容是自然健康、干净清爽，不允许戏剧性的妆容。（　　　）

4. 自由自选在音乐的选择、内容以及编排上有限制。   （　　　）

5. 技巧自选托举动作，所有选手必须参与其中。   （　　　）

6. 自由泳节奏游的动作中需要俯卧水平面，上身上抬，始终保持直立。（　　　）

7. 自由组合的时间限制是 4min，其中不包括 10s 上岸动作。 （　　　）

8. 未满 15 岁的选手不能参加奥运会、世界锦标赛和国际泳联系列赛。（　　　）

四、讨论题

我国花样游泳员体能现状是什么？

第十一章　潜水

【章节导入】

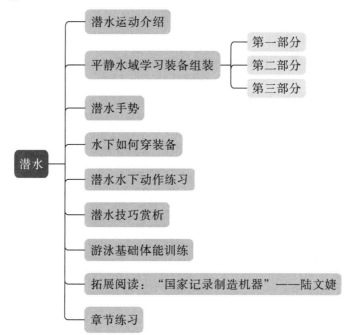

【学习目标】

1. 通过教学使学生对潜水有更深的认识，激发学生对潜水的学习兴趣；
2. 通过教学使学生了解潜水以及相关的装备组装；
3. 通过教学使学生了解潜水水下手势。

潜水运动介绍

第一节 潜水运动介绍

一、世界潜水运动现状

潜水的原意是为进行水下查勘、打捞、修理和水下工程等作业而在携带或不携带专业工具的情况下进入水面以下的活动。后潜水逐渐发展成为一项以在水下活动为主要内容，从而达到锻炼身体、休闲娱乐的目的的休闲运动，广为大众所喜爱。

因为潜水的费用相对较高，一般人承受不了。虽然基础培训费只有 3 千多元，但相继而来的还有购置潜水装备（亦可以使用潜店装备）和旅游潜水费用。

一套潜水装备，普通的一万元起，高级的十几万元。如果想去好的自然海域，近的有马来西亚、泰国、菲律宾，远的有澳大利亚、墨西哥等。这样的旅行对多数人而言，还只是一种梦想。所以在中国，潜水尚属于开发阶段，比较小众。

随着潜水运动风靡全球，走进水中世界已不再是一个童话般的心愿，而是一份令人惊喜不已的浪漫。想象一下，当人徐徐潜入清凉明澈的水中，阳光被水折射成无数个星星，在眼前不断地闪烁、跃动，当五彩的鱼儿亲昵地依偎在身边，不禁会欣喜地感觉到自己置身于一个美妙的新奇世界，尽情欣赏五颜六色、千姿百态的海底生物；当成串的气泡欢快地漂过耳际，也会惊奇地发现自己正轻松地扇动脚蹼，自如地悬浮于水中，真心体会水中世界的奇妙、浪漫、自在、开心，所以潜水运动受到越来越多人的喜欢。

二、世界潜水运动组织

世界范围内比较有名的潜水组织有：中国潜水运动协会（CUA），世界潜水运动联合会（CMAS），国际潜水教练专业协会（PADI），国际潜水教练协会（NAUI），国际水肺潜水学校（SSI），国际专业潜水协会（PSAI），全球非营利性潜水组织（GUE），技术潜水员国际组织（TDI），国际氮氧混合气潜水及技术潜水员协会（IANTD），美洲氮氧混合气潜水员国际组织（ANDI）。

国际潜水教练专业协会（PADI）成立于 1966 年，其教育系统普及地区为全世界各地区。PADI 专注于开发与设计水肺潜水训练课程及其训练教材，详细维护并记录每一个等级潜水员的资料，期望建立具备全球公信力的潜水员资格认证体系。

世界水下运动联合会（CMAS）成立于 1958 年，其教育系统遍布全世界各地。大部分潜水组织与 CMAS 交叉认定潜水员资格、等级，小部分潜水组织为 CMAS 技术委员会会员。CMAS 设立了三个委员会："运动委员会"负责协调各会员国、共同订立钓鱼、蹼泳、水球、水中曲棍球等的国际竞赛规则；"技术委员会"负责订立"标准化"

的水肺潜水训练规则及国际认证系统，还负责推动、改善水肺潜水安全性之相关高科技材料与潜水装备的研发；"科学委员会"提供经费执行有关"潜水科技"方面的研究计划。

国际潜水学校联盟（ADS）成立于 1980 年，其教育系统普及地区为日本、中国台湾、帕劳之环太平洋岛弧区域。其宗旨在于灌输正确的潜水知识技能和安全潜水的观念，是一个潜水教育的专门学校。

英国潜水协会（BSAC）成立于 1953 年，其教育系统普及地区为英联邦国家、欧洲、东北亚洲地区。其性质类似财团法人机构，组织经营获得的利润必须用于潜水安全方面的研究与发展，造福潜水爱好者。BSAC 于 1954—1955 年间在英国迅速发展，成为英国水中运动政策指导的权威性组织。它还于 1976 年建立了"BSAC 潜水训练学校系统"。BSAC 潜水学校是独立的商业团体，由 BSAC 授权训练、授予 BSAC 潜水资格认证。

至 2017 年，国际潜水组织签发中国籍学员的潜水证书总人数约有 15 万余人，成员人数每年以几倍数字逐年递增。

三、成都潜水运动的现状

目前成都有 12 家潜水俱乐部，成都市潜水运动协会以及成都潜水协会海外训练基地（菲律宾墨宝）每年都有大量的潜水爱好者参加潜水运动的培训。

潜水的好处不仅在于水中的奇异世界给人的精神带来巨大享受，更重要的是能够提高并改善人体的心肺功能。潜水运动还有一定的抗癌作用。

四、怎么学习潜水

（一）潜水证考试

PADI 开放水域潜水员（OW）的学习分为理论（视频以及理论讲授和考试）、平静水域、开放水域（4 次课，要求水深不得低于 5m 和能见度超过 5m 的天然水域）三个部分。

当然，能否通过考试视学员潜水技能而定，教练会严格按照 PADI 的要求是来评估是否合格。

（二）在成都怎么学习潜水

因成都地处内陆，受地理条件的限制，开放水域的课程一般安排在国外或者海南三亚。当然，也可安排在水质较好的湖泊，如西昌雷波县的马湖。但是潜水水域距离成都较远，水下景观和能见度很大程度上影响了潜水爱好者的体验感。各俱乐部通常将学员理论和平静培训安排在泳池，待掌握基本潜水技能，再组织去三亚或者海外感受自然潜水的乐趣。

五、成都市潜水运动协会

成都市潜水运动协会成立于 2015 年，一直致力于潜水运动的培训与推广。目前协会和四川省旅游学院及其他机构达成教学培训合作。

菲律宾墨宝是世界闻名的潜水胜地。2018 年，菲律宾墨宝成为成都海外度假训练基地，有效地解决了费用高的问题。花费人民币 8000 元以内就可以完成 1 趟 7 天的 OW 学习行程，包括吃住行。

平静水域学习装备
组装第一部分

第二节　平静水域学习装备组装第一部分

一名合格的潜水员必须要熟练地组装自己的装备以及会简单的保养。装备包括气瓶、浮力装置 BCD（作用是与气瓶连接起来形成一个气源），另一个名称叫作"水肺装备"。

装备组装的流程：

第一步，准备工作：浮力装置（BCD）、气瓶、调节器、脚蹼、面镜、配重。

第二步，组装前检查气瓶气体、气瓶 O 型圈、气瓶外观、气瓶标识。

第三步，BCD 与气瓶的组装：把气瓶口朝前，与 BCD 内侧同向，出气口与背夹齐平，气瓶箍链接完整牢固，高度适中。

第四步，呼吸调节器一级和气瓶阀连接：打开气瓶阀后链接稳固（气瓶开到底回半圈）。低压管和充排气阀连接起来，保证左边是低压管和仪表组，右侧是调节器和备用气源。备用气源放在专用口袋或者卡扣固定。

第五步，组转后安全检查：主、备呼吸器的呼吸阻抗、呼吸顺畅；呼吸压力表指针无摆动；深度表归零。BCD 各充排气阀有效、密闭无泄漏。压力表度数检查；整体性牢固。

第六步，固定摆放：组装好的水肺系统和面镜、呼吸管、脚蹼，整合摆放。整体水平放置、利用配重系统固定。

平静水域学习装备
组装第二部分

第三节　平静水域学习装备组装第二部分

组装调节器组，首先将调节器对准瓶头，呼吸器（二级头）在右手边；然后拧紧，注意只需要三个手指去拧紧即可，不要拧死，否则会损伤密封圈；最后将低压管与冲排气阀连接，将充气管的扣子下拉，装好后固定好气管。

平静水域学习装备
组装第三部分

第四节　平静水域学习装备组装第三部分

一、拆卸装备

第一步，关闭气瓶，按排气阀排掉气管内多于气体。

第二步，拆卸调节器组（并摆放整齐）。

第三步，拆卸 BCD。

二、自我练习装备的组装

第一步，装 BCD。

第二步，装调节器。

第三步，低压管与排气阀连接。

第四步，固定好所有管子。

第五步，开气瓶检查压力。

第六步，装备组装好过后，将装备平放于地面。

三、配重的穿戴与脱着要求

第一步，右手拿带尾，左手拿带头。

第二步，装铅块（将平整的一面贴身，突出的一面向外），根据自身体重、潜水环境、潜水服来进行配重的选择。

第三步，一般 3mm 的潜水服配重为体重的 5％。（注：如果配重为标准四块，则身体左右两侧各两块配重；如果是三块，则身体后面、左侧、右侧各一块。）

第四步，如果在水下发生意外情况，快速拆掉配重的方法是，右手拉开配重带（切忌使用左手）。

潜水手势

第五节　潜水手势

一、标准手势

（1）OK。

（2）大 OK。

（3）上、下。

（4）有问题。

（5）左、右。

（6）检查你的压力表剩余多少气体。

（7）距离水面五米时停留三分钟。

二、约定俗成的手势内容

（1）船。

（2）鲨鱼。

（3）海龟。

（4）检查气体还有 100Pa。

（5）气体还有 90Pa。

（6）气体剩余 0Pa。

（7）无气体 0Pa。

水下如何穿装备

第六节　水下如何穿装备

准备好潜水装备，安装前要检查好是否损坏，步骤如下：

第一步，将浮力背心的固定带绑在气瓶上，气瓶口要正对浮力背心。

第二步，气瓶防脱带也要记得扣上，无需拉紧。

第三步，将调节器对准瓶头，呼吸器（二级头）位于右手。

第四步，拧紧时，注意只需要三个手指去拧紧即可，不要拧死，否则会损伤密封圈。

第五步，将充气管的扣子往下拉。

第六步，对准充气阀，用力插上去，松手。

第七步，轻轻拧开气瓶，压力表显示读数。

潜水水下动作练习

第七节　潜水水下动作练习

第一步，学习吸气排气（需先在池边，轻扶池壁练习排气）。

第二步，慢慢下沉。

第三步，穿戴好装备，趴在水面上进行游进训练（头部不可浮出水面）。

潜水技巧赏析

第八节　潜水技巧赏析

（1）装备的组合、调整、准备、穿戴与拆卸。

（2）下水前安全检查。

（3）深水区入水。

（4）水面浮力检查。

（5）呼吸管与调节器的互换。

（6）调节器寻回和清除积水。

（7）面镜的脱卸、重新穿回与清除积水。

（8）空气用完练习和使用备用气源（原地）。

（9）备用气源辅助上升。

（10）从不断漏气的调节器呼吸。

（11）上升五个步骤。

（12）有控制式紧急游泳上升（CESA）。

第九节　游泳基础体能训练

一、动作名称：俯卧——"I"形

功能：通过不同姿势、不同器械动作的练习，激活肩胛骨周围肌群，提高肩部稳定性，预防肩部损伤。

起始姿势：人全部身体趴在瑜伽垫上，双脚并拢，身体保持平稳状态。

二、动作步骤

此动作步骤分为两个部分：身体俯卧于瑜伽垫上，双手伸过头顶，放于耳侧，双手握拳，拇指向上，四肢与躯干在一条直线上；向上抬起手臂时，保持正常呼吸，手臂抬高，与身体成"I"形，保持 3～5s。

三、动作要点

此运动要点包括：俯卧于垫上，双臂伸直，与躯干形成"I"形；双侧肩胛骨向内下收紧，双臂抬起，保持 3～5s；回到起始姿势，完成规定练习次数；注意保持腹部收紧，拇指向上，肩胛骨收紧后抬起手臂；激活肩带及上背部肌群。

四、练习次数

根据个人能力，每组 5～10 次，组数 1～2 组，组间间隔 30s～1min。

拓展阅读　　　"国家纪录制造机器"——陆文婕

陆文婕在中学上生物课的时候就梦想着去大海潜水，认识各种海洋生物。家人一直都很支持她。2004 年，陆文婕在暑假期间专门到海南体验了水肺潜水。2010 年，还在读博士的陆文婕到夏威夷参加一个学术会议。夏威夷四周环海，那里的潜水氛围特别好，这对痴迷潜水的她来说，无异于到了"天堂"。趁着学术会议的间隙，她考到了水肺潜水证。同时陆文婕还是旅美的生物学博士。和常人眼中每天泡在实验室的博士形象不同，陆文婕喜欢户外活动，十分热爱自然和生物。她开始接触自由潜水是为了能够近距离地拍摄海底的动植物。经过不断地训练，2014 年 12 月，陆文婕成为自由潜水教练。

被誉为"中国纪录制造机器"的陆文婕，从 2015 年至今的一系列比赛中获奖无数，不断打破女子自由潜纪录，成功挑战自己的人体潜能极限。2019 年 6 月，在自由潜水亚洲杯比赛 AFC 2019 中，陆文婕以 83m 的成绩打破了日本选手 Saiyuri 保持的 AIDA 女子恒定配重有蹼双蹼（CWTB）世界纪录（原纪录 82m），以 222.6 分总成绩获得女子组总成绩冠军。这是中国选手首次在国际大赛中打破自由潜水的世界纪录，扩大了中国运动员在国际自由潜水界的影响力。

陆文婕也是亚洲首位 PFI 自由潜水教练；创造了水下静态闭气 8 分钟的中国纪录；玄圃国际自由潜水学院创始人，经 PFI 总部授权负责亚洲地区自由潜教学。

【章节练习】

考试题型： 分为单选题 2 道、判断题 3 道、讨论题 1 道。

一、单选题

1. 至 2017 年，国际潜水组织签发中国籍学员的潜水证书总人数约有（　　　）余人。

　　A. 13 万　　　　　　B. 14 万　　　　　　C. 15 万　　　　　　D. 16 万

2. PADI（潜水教练专业协会）成立于（　　　）年。

　　A. 1965　　　　　　B. 1966　　　　　　C. 1967　　　　　　D. 1968

二、判断题

1. 潜水运动受到越来越多人的喜欢。　　　　　　　　　　　　　　　　　（　　　）

2. 休闲潜水组 PADI、CMAS、YMCA、ADS、BSAC，其中最大最完善的潜水组织是 PADI。　　　　　　　　　　　　　　　　　　　　　　　　　　　　　（　　　）

3. PADI 分为理论、平静水域、开放水域三个部分。　　　　　　　　　　（　　　）

三、讨论题

如果资金条件允许，你是否愿意学习潜水？原因是什么？

第十二章　婴儿游泳

【章节导入】

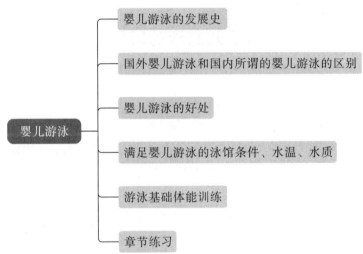

- 婴儿游泳的发展史
- 国外婴儿游泳和国内所谓的婴儿游泳的区别
- 婴儿游泳的好处
- 满足婴儿游泳的泳馆条件、水温、水质
- 游泳基础体能训练
- 章节练习

婴儿游泳

【学习目标】

1. 通过教学使学生对婴儿游泳有更深的认识；
2. 通过教学使学生区分国内外婴儿游泳区别；
3. 通过教学让学生了解婴儿游泳好处。

婴儿游泳的发展史

第一节　婴儿游泳的发展史

20世纪50年代末，苏联的一些医学专家在长期思索如何减轻孕妇分娩痛苦的方法后，发明了一种"水中分娩法"，即让刚出生的婴儿直接在水中自由活动，通过一段时间的追踪观察，发现这些身体极早与水接触的婴儿，无论是体力上还是智力上都发育较快，这也算是最早期的婴儿游泳。

真正的婴儿游泳起源于1960年。苏联的一位科学家是第一个尝试婴儿游泳的人，他把自己的孩子放在一个很大的水缸里面，水缸就相当于婴儿游泳的游泳池。经过几年的时间，他总结了许多经验。同时，其他一些科学家和医生也证明了婴儿游泳是一项有益的运动。很快，这个运动就风靡到欧美诸国，并被称为最好的婴儿运动。

目前，婴儿游泳是指新生（出生当天至28天为新生阶段）至2周岁的婴儿，在专业护理人员或经过培训的婴儿父母的看护下，运用专业婴儿游泳器材进行的一项具有特定阶段性的婴幼儿水中早期健康保健活动，分为有秩序、有部位、有技巧的婴儿被动游泳操和自主游泳两部分。

第二节　国外婴儿游泳和国内所谓
的婴儿游泳的区别

婴儿游泳，在西方国家被称作 Baby Swimming，是指父母用手代替圈托住婴儿在水中进行的一项游泳活动。

国内常见的是戴圈式的婴儿游泳，让宝宝在游泳圈或者其他工具的辅助下进行婴儿游泳锻炼，这些工具包括脖圈、腋下圈、坐圈。虽然脖圈的使用一直备受争议，但仍有很多家长选择使用脖圈来辅助宝宝游泳。用家长的话说：总比没有一点安全保障要好！国外则倾向于让宝宝自己游泳，并对让宝宝使用脖圈来游泳的行为感到不可思议。他们认为宝宝全身骨骼并未发育成熟，更何况是全身最脆弱的脖子，因此，脖圈的安全性还有待考证。国外的大部分医生认为，虽然婴儿游泳对宝宝成长有着良好的促进作用，但游泳锻炼的方式有很多，他们并不建议让宝宝使用脖圈来游泳。国外的家长们也更赞同让宝宝在浅水中游玩或者通过亲子游泳的方式来锻炼身体。虽然目前并没有证据表明使用脖圈会对婴儿颈椎产生伤害，但儿科专家张思莱表示："对于孩子，哪怕存在万分之一的危险，也应该重视！"

同时，国内也主张采取大人抱着孩子进行游泳的方式，也就是我们平时所讲的亲子游泳。但就目前情况来看，国内可以达到亲子游泳环境的婴儿游泳机构并不多见，而游泳环境不合格，很容易导致交叉感染。虽然国内外对于婴儿游泳有着不同的看法，但都承认，进行水中游泳时，水压、浮力以及不断运动可以有效促进宝宝各种信息的综合传递，加速新陈代谢，对宝宝健康成长有着良好的促进作用。

最后，戴圈式的婴儿游泳的缺点在于：第一，任何戴圈形式的游泳都不能叫作本质意义上的游泳训练，而应该称为戏水；第二，婴幼儿颈椎非常柔软，当把脖圈套在婴儿的脖子上时，整个身体的重量都压在脖子上，对婴幼儿脆弱的颈椎不利；第三，长时间颈部带圈游泳可能压迫颈动脉引起窒息；第四，游泳是唯一一个离开地心引力、身体保持水平的运动，戴圈式的游泳则使得身体竖直在水中，不会前进，游泳姿势并不正确。

婴儿游泳的好处

第三节　婴儿游泳的好处

婴儿游泳可以提升宝宝的 IQ（智商）、EQ（情商）、CQ（创造力思维）。

婴儿游泳有利于提升宝宝 IQ。瑞士心理学家皮亚杰的认知发展理论是近代认知心理学最重要的理论之一，他认为智慧的根源是来自婴儿感官和运动的发展。而婴儿游泳在水中给予宝宝适应的感官刺激，能有效程度上提高宝宝的智商。

婴儿游泳有利于提升宝宝 EQ。在游泳过程中，父母与婴儿一同游戏、成长，在玩乐的过程中不断以言语赞赏，以眼神肯定，以拥抱示爱，使孩子沐浴在父母的爱中，可以帮助婴儿释放紧张情绪，感觉舒适轻松，提升情绪稳定性。

婴儿游泳有利于提升宝宝 CQ。婴儿时期是创造力思维萌芽的时期，他们不受客观限制，敢于大胆想象。在不同的游戏中，孩子的想象力能够得到启发，创意也会被不断地激发。

此外，婴儿游泳对婴儿生理心理及其父母也好处多多。

从婴幼儿生理上来讲，婴儿游泳能够促进智能的发展，包括大肌肉、小肌肉、语言和听觉、社交以及提高警觉性、净化呼吸系统增大肺活量等方面。

从婴儿心理上来讲，参加婴儿游泳的孩子在水的浮力下来去自如，这种在陆地上难以找到的感觉能帮助他们建立自信。同时，婴儿通过互动掌握游泳技巧，使得他们产生成就感，每次完成一动作后受到父母的赞赏，也会提升婴儿的自尊。同时，参加游泳的婴儿能够在课程中学习与同伴分享、互相帮助、共同进步，获得群体交往的经验。

对于婴儿父母来说，参与婴儿游泳有助于帮助其改善睡眠习惯；在婴儿游泳中，高效率的陪伴有助于促进亲子关系；课程中或课程后的交流也有助于家长间分享育儿经验。

满足婴儿游泳
的泳馆条件、
水温、水质

第四节　满足婴儿游泳的泳馆
条件、水温、水质

合适的婴儿游泳场馆的水深一般是 1m 到 1.1m，水较浅主要是考虑家长在带着宝宝在游泳的过程中的安全；水温比一般成人泳池的水温高，夏季在 30℃～32℃，冬季在 32℃～34℃；水质方面，一般市场上采用的消毒设备是铜银离子物理消毒的净化设备，铜离子主要用于沉淀，银离子主要用于杀菌。

第五节　游泳基础体能训练

一、动作名称：反向式－跳箱－双脚跳－纵向

功能：提高下肢动作的力量与爆发力，强化下肢肌肉的弹性力量，提升力的产生速率，发展人体的稳定性。

起始姿势：呈双脚运动姿站立，面向跳箱，双臂伸直举过头顶，保持掌心相对，双脚站距与肩同宽，背部平直，腹部收紧。

二、动作步骤

此动作分为两个部分：双臂向下快速摆动至腰部两侧后向上快速摆起，以手臂带动身体快速伸髋伸膝，双脚蹬离地面，向前跳上跳箱；跳上跳箱时，屈髋屈膝落地缓冲的同时双臂下摆至髋部两侧，呈双脚运动姿站立，保持 1～2s。

三、动作要点

此动作要点包括：起跳时，通过有力地摆臂增加起跳的动力；起跳于落地时，膝关节不要内扣，不要超过脚尖；起跳过程中，注意双腿的空中姿势，为落地支撑做好准备；落地时，通过屈髋屈膝以缓冲落地时地面对身体的冲击；落地时，保持胸部在膝关节上方，保持背部平直、腹部收紧；在完成双接触动作时，应缩短脚与地面的接触时间。

四、练习次数

以上是一个完整动作，男女各三组，男生 10～15 次/组，女生 5～10 次/组；组间间歇 30～60s。

【章节练习】

考试题型：分为单选题 8 道、多选题 5 道、判断题 8 道、讨论题 2 道。
一、单选题
1. 是谁创办了历史上第一个婴儿游泳基地？（　　　）
　　A. 托尼　　　　　　　　　　B. 勒布朗·詹姆斯
　　C. 孙杨　　　　　　　　　　D. 罗伯特夫妇

2. 我国第一个婴儿游泳班在哪里成立的？（   ）

    A. 北京   B. 成都   C. 深圳   D. 上海

3. 国内满足什么条件的婴儿可以参加亲子游泳的活动？（   ）

    A. 3个月以上，需要脐带自主脱落和体重不低于3kg

    B. 3个月以上，需要脐带非自主脱落和体重不低于2kg

    C. 2个月以上，需要脐带自主脱落和体重不低于3kg

    D. 3个月以上，需要脐带自主脱落和体重不低于2kg

4. 婴幼儿游泳的好处主要可以提升宝宝的什么？（   ）

    A. IQ   B. EQ   C. CQ   D. IQ EQ CQ

5. 婴儿游泳起源于哪一年？（   ）

    A. 1950年   B. 1960年   C. 1970年   D. 1980年

6. 夏季儿童泳池的水温在多少合适？（   ）

    A. 15℃～20℃   B. 20℃～25℃   C. 25℃～27℃   D. 30℃～32℃

7. 一般国内是在婴幼儿多大的时候就可以参加亲子游泳的课程？（   ）

    A. 3个月以上   B. 3个月以下   C. 2个月以上   D. 4个月以上

8. 婴儿游泳的时间多长合适？（   ）

    A. 7～10min   B. 15～20min   C. 15～30min   D. 30～40min

二、多选题

1. 以下哪项反射有利于水中训练？（   ）

    A. 闭气   B. 抓握   C. 蹬腿   D. 眨眼

2. 幼儿游泳的好处，以下正确的是（   ）

    A. 可以提高呼吸系统的功能   B. 可以提高大脑的反应能力

    C. 可以提高耐寒和抗病的免疫能力   D. 可以提高协调能力

3. 婴儿游泳有哪些好处？（   ）

    A. 提升宝宝的IQ   B. 提升宝宝的EQ

    C. 提升宝宝的CQ   D. 培养宝宝对新事物的好奇心

4. 婴幼儿游泳对婴幼儿生理方面有哪些好处？（   ）

    A. 促进智能的发展   B. 提高警觉性

    C. 净化呼吸系统增大肺活量   D. 促进体能的发展

5. 婴幼儿游泳馆的水深一般控制在多深？（   ）

    A. 1m   B. 1.5m   C. 1.1m   D. 2m

三、判断题

1. 婴儿游泳起源于 1960 年。 （　）

2. 婴儿场馆要求水深 1～1.1m，水浅主要是考虑到宝宝的安全问题。 （　）

3. 游泳时眼睛会红，主要是由于潜水时眼睛受到水压的影响。 （　）

4. 在游泳过程中，宝宝如果突然呛水，我们会引导家长面对面地抱住宝宝用空手掌心轻拍背部，帮助宝宝把水咳出。 （　）

5. 宝宝游泳能提高身体的协调性。 （　）

6. 婴幼儿游泳的好处主要可以提升宝宝的 IQ、EQ、CQ。 （　）

7. 室内儿童游泳池标准水温为 24℃～29℃。 （　）

8. 婴幼儿的场馆要求水深一般是 1m 到 1.1m。 （　）

四、讨论题

1. 婴儿游泳发展史分为几种？

2. 婴幼儿游泳馆经营者必备素养是什么？

第十三章　尾波滑水与尾流冲浪

【章节导入】

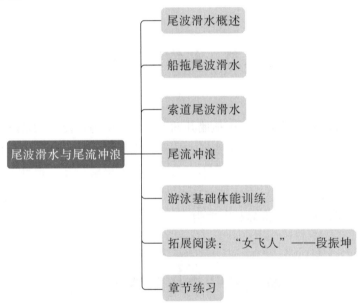

【学习目标】

1. 通过教学使学生对尾波滑水与尾流冲浪有更深的认识，激发学生对尾流尾波项目的学习兴趣；

2. 通过教学使学生认识尾波滑水以及船拖尾波滑水、索道尾波滑水；

3. 通过教学使学生了解尾波滑水的比赛，感受竞争、向上的体育精神。

尾波滑水

第一节　尾波滑水概述

尾波滑水（wakeboard）是滑水运动中的一个单项，是人借助动力的牵引，踏着尾波板在水面上滑行的运动。这是一项新兴的水上运动。世界上第一块尾波板是由一个叫托尼·芬恩（Tony Finn）的美国人创造的，他在冲浪板的原型上，增加了固定脚的位置的脚带，后来渐渐演变成了如今的尾波板。按牵引力划分尾波滑水可分为索道尾波滑水运动和船拖尾波滑水运动。通过视频我们来了解一下两项尾波滑水运动。

第二节　船拖尾波滑水

船拖尾波滑水，顾名思义就是由拖船开动产生的牵引力，使运动员踏着尾波板在水面上滑行，并通过船造出的尾流做出跳跃、旋转、空翻等高难度动作。船拖尾波滑水一般在风景秀丽的平静水域进行，因此它不仅是一项水上极限运动，也可以是一项休闲运动。第一届尾波滑水锦标赛于2002年在日本草津市举办。中国第一块尾波滑水金牌由陈莉莉在2004年新加坡滑水世界杯上取得。

第三节　索道尾波滑水

索道尾波滑水由高新技术的"滑轮"系统替代了传统的快艇，运动员在滑轮系统的牵引下在水面滑行，可借助跳台及道具做出一些高难度的动作的一种极限运动。由于传统的船拖滑水对器材、场地要求极高，因此发展门槛低又不失乐趣的索道尾波滑水是普及尾波滑水运动的绝佳选择。

尾流冲浪

第四节　尾流冲浪

通过刚刚的视频，相信大家已经能够初步区分船拖尾波与索道尾波啦。在科技发达的今天，尾波运动享受着科技发达的红利，索道尾波的"滑轮"系统已经更新到第三代，船拖的快艇也不断摸索如何制造更大的尾浪，当船只制造出如同海浪般的尾浪时，一项新颖的运动诞生了——尾流冲浪。

滑水船厂家在一台内舷机船底加上压浪板，船的后两侧装上液压控制的扰流板，于是一台可用于滑水、冲浪的专业造浪艇出现了。造浪艇可造出类似海浪般的巨浪，使冲浪运动员做出在海浪上的动作，并且免去传统"冲浪靠天"的困扰。尾流冲浪是一项刚刚诞生不久的运动，是目前世界上发展潜力最大的运动之一。

第一届尾流冲浪大赛 2017 年在宜兴举办，是中国第一个全国性的尾流冲浪比赛。

第五节　游泳基础体能训练

一、动作名称：持药球－胸前推球－直立伸髋双膝跪地

功能：提高上肢动作的力量与爆发力，有助于增强肩关节的稳定性，强化胸大肌和肱三头肌的弹性力量，提升力的产生效率，发展人体的稳定性。

起始姿势：直立伸髋双膝跪姿准备，面向墙壁，躯干与墙壁保持 0.9～1.2m 的距离，双手持药球于胸前，手臂伸直。

二、动作步骤

此动作分为两个部分：将药球拉至胸前，尽可能用最大力量快速向墙壁推出药球；当药球反弹至手时，抓住药球，回到起始姿势，重复规定的次数。

三、动作要点

此动作要点包括：双手同时发力将药球推向墙壁，接球的位置不要太靠近胸部；连续推球时，药球要在胸前停留；始终保持标准的身体姿势，背部平直，腹部收紧；动作连贯完成，没有停顿。

四、练习次数

以上是一个完整动作，男女各三组，男生 10~15 次/组，女生 5~10 次/组，组间间歇 30~60s。

拓展阅读　　　　　**"女飞人"——段振坤**

段振坤 2002 年在内江市少年儿童业余体校跳水队训练，师从市体校高级教练郭川。2004 年她调入四川省跳水队，曾获得省跳水比赛冠军，2007 年转入中国滑水队，其后成绩突飞猛进，获得了在东莞举行的 2011 年国际滑水节女子尾波高级组冠军。2011 年 11 月，她在西昌邛海打破了由美国运动员保持了 7 年的尾波滑水吉尼斯世界纪录。段振坤是国内最早能完成空翻的选手之一，也是目前世界上为数不多能完成后空翻的女运动员之一，被称为"女飞人"。

别看段振坤年纪小，她可算得上是一位滑水界的"老将"了，参加过很多比赛。不过，段振坤还是会在赛前紧张到睡不着觉，但一到比赛结束，段振坤又很享受那种完成目标后的兴奋感。"那种释放特别舒服。"段振坤告诉记者。在段振坤看来，滑水不仅是她的梦想追求，更是她的一项事业。段振坤说她非常欣赏一位美国艺术滑水运动员，非常佩服这样宝刀不老的人。"他都 50 多岁了，到现在一直参加比赛、演出。我特别佩服的一点是不管年龄多么大，都能为了热爱一直能坚持那么久。"

段振坤在 2019 年 6 月被乐山市沙湾区委、区政府授予"沙湾英才"称号。段振坤作为内江籍运动员能得到乐山市沙湾区委、区政府的表扬，不仅是她个人的荣誉，也说明她是内江的荣耀。

【章节练习】

考试题型：分为单选题 5 道、讨论题 1 道。

一、单选题

1. 按牵引力划分，尾波划水可分为（　　）
   A. 索道、船拖尾波　　　　　　　B. 冲浪、压浪尾波
   C. 索道、压浪尾波

2. 中国第一次举办尾流冲波比赛是在下面哪个城市？（　　）
   A. 上海　　　　B. 广州　　　　C. 厦门　　　　D. 宜兴

3. 中国第一块尾波划水金牌在（　　　）年取得。

　　A. 2004　　　　　　B. 2005　　　　　　C. 2006　　　　　　D. 2007

4. 中国第一块尾波金牌获得者是（　　　）

　　A. 陈莉莉　　　　　B. 孙杨　　　　　C. 高晓进

5. 第四届尾波划水精英赛举行于哪个城市？（　　　）

　　A. 成都　　　　　　B. 上海　　　　　　C. 天津　　　　　　D. 北京

二、讨论题

尾波滑水和尾流冲浪我们需要注意的安全细节是什么？

第十四章　铁人三项

【章节导入】

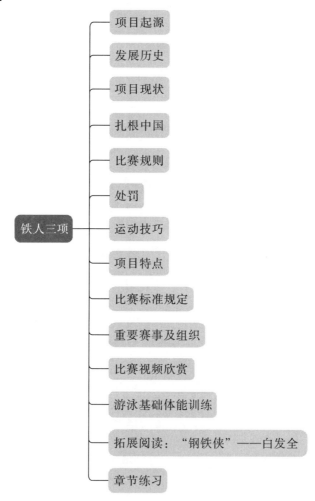

铁人三项
- 项目起源
- 发展历史
- 项目现状
- 扎根中国
- 比赛规则
- 处罚
- 运动技巧
- 项目特点
- 比赛标准规定
- 重要赛事及组织
- 比赛视频欣赏
- 游泳基础体能训练
- 拓展阅读："钢铁侠"——白发全
- 章节练习

【学习目标】

1. 通过教学使学生对铁人三项有全面的认识；
2. 通过教学使学生了解铁人三项场地区别；

3. 通过教学使学生了解铁人三项赛前、赛后处理的规则。

第一节　项目起源

铁人三项起源于美国。1974年2月，一群体育官员聚集在夏威夷群岛的一个酒吧里争论：世界上究竟哪一种体育运动项目最具有刺激性、挑战性，最能考验人的意志和体能？有的说是橄榄球，有的说是渡海游泳，有的说是足球，还有的说是长距离自行车、登山马拉松等，他们各抒己见，争论不休。最后，美国海军准将约翰·科林斯提出：谁能在一天之内在波涛汹涌的大海游泳3.8km，再环岛骑自行车180km，最后跑完42.195km的檀香山马拉松全程，中途不得停留，谁就是真正的"铁人"。科林斯的想法得到大家的支持，于是第二天就有15人参加了这个比赛，其中还有1位女选手。结果有12人赛完全程，就这样，一项挑战自然、战胜自我的新型体育运动项目就在充满戏剧性、冒险性的情况下诞生了。该比赛第一名的成绩为11h46min。

该次比赛后，人们就把这项一次连续组合完成游泳、自行车和长跑，并在运动员体能、速度和技巧上提出挑战的综合性体育运动项目称为"铁人三项"，并追认该次比赛为首届世界铁人三项锦标赛。

第二节　发展历史

铁人三项运动在夏威夷诞生后，最初仅在美国夏威夷和加利福尼亚流行，后逐渐在澳大利亚、新西兰、西班牙、法国、英国、日本、中国等国家广泛展开。1989年，国际铁人三项联盟（ITU）成立；同年，铁人三项被原国家体育运动委员会列为在中国正式开展的运动项目之一。1990年1月16日，中国铁人三项运动协会（CTSA）成立。1994年，铁人三项被国际奥委会列为奥运会正式比赛项目。2000年，铁人三项在悉尼奥运会上首次亮相。2005年，铁人三项成为中华人民共和国运动会正式比赛项目；2006年，成为亚运会正式比赛项目；2019年，成为中华人民共和国青年运动会正式比赛项目。

第三节　项目现状

国际铁人三项联盟每年都组织很多比赛，其中有奥林匹克标准距离的铁人三项世界锦标赛；在世界各地举办的 10～12 站铁人三项世界杯系列赛；长距离铁人三项世界杯系列赛；标准距离和长距离铁人两项世界杯系列赛与世界锦标赛；此外还有冬季铁人三项赛、室内铁人三项赛、残疾人铁人三项、青少年铁人三项赛等。比赛一般分优秀运动员组、青年运动员组和业余分龄组，参加比赛的运动员年龄最小的仅 9 岁，最大的 91 岁。比赛的规模逐年增大，参加比赛的人数也越来越多。在美国，每年参加正式或非正式铁人三项比赛的人数约为 15 万人。截至 2023 年，美国铁人三项协会有正式会员 45274 人，其中男性占 71%，女性为 29%。2002 年，全美铁人三项赛事多达 850 次。在英国，每年经官方批准的铁人三项赛事可达 350 次，几乎每天都有比赛，全英国有 200 余家铁人三项俱乐部。奥运会铁人三项比赛有男女各 50 名运动员。

第四节　扎根中国

铁人三项运动从 20 世纪 80 年代传入中国后，便得到了迅速的发展。20 世纪 80 年代后期，各类铁人三项比赛已相继在国内一些城市举办。1987 年，在原侨联主席庄炎林先生的倡导下，民间机构组织在海南省三亚市举行了超级铁人三项赛。比赛距离为游泳 3.8km、自行车 120km、跑步 42.195km。此项赛事成为中国最早举办的铁人三项比赛。1989 年，铁人三项被原国家体育运动委员会列为在全国正式开展的运动比赛项目。1990 年 1 月 16 日，中国铁人三项运动协会由国家体育运动委员会和中华全国体育总会批准在北京成立。同年，中国铁人三项运动协会也加入了中国奥委会和国际铁人三项联盟。1991 年 6 月 29 日，在中国的倡导下，亚洲铁人三项联合会成立。铁人三项运动在中国开展的初期，以群众参与为主，专业竞技运动水平较低，成绩与国际水平有较大的差距。2001 年后，一些省、市相继成立了专业铁人三项运动队，中国铁人三项进入了较快的发展阶段。特别是女子铁人三项进步较快，涌现出一批很有潜力的运动员，不仅有两名女运动员通过世界积分排名获得了 2004 年雅典奥运会的参赛资格，而且在 2005 年的亚洲锦标赛上夺得了冠军，缩小了与世界最高水平的差距。中国从 2005 年第十届全运会开始将铁人三项比赛设为全运会正式比赛项目，每年国内举办各类各级国际性和全国性铁人三项赛事 10 余场，参赛人数每年总计已达 2000 人次，成为亚洲铁人三项运动发展最快的国家。中国于 2010 年 9 月 25 日至 9 月 26 日在滨海城市——威海，举行了国际铁人三项赛。中国嘉峪关铁人三项赛从 2004 年起到 2014 年已成功举办了 9 届。2014 年，嘉峪关铁人三项赛升级成为世界杯赛暨全国冠军杯赛、全国业余铁人三项积分赛，有 34 个国家和地区的 700 多名运动员、赛事官员和记者参加，其中专业运动员 118 人，业余运动员 412 名，外籍运动员 109 名。

第五节　比赛规则

铁人三项比赛是技巧和耐力的严峻考验，这种艰苦的比赛包括 3 个部分。2000 年，悉尼奥运会上的铁人三项比赛由 1.5km 游泳、40km 自行车和 10km 的长跑一起组成。铁人三项比赛的运动员在不同项目之间不能停顿，一项比赛到达终点后就要立即进入下一项比赛的起点。

游泳赛段。游泳是三项赛的第一项，运动员可以采用任意泳姿（一般为自由泳）在由浮标和绳索标志出的三角形路线上前进。运动员可以踩水或漂浮，或者站立在水底或抓住静止物体休息。如果有运动员不按规定路线游进，缩短了赛程，则将被取消比赛资格。如果运动员在游泳比赛中犯规，就要被罚在游泳赛结束后停留 30s 再继续比赛。

自行车赛段。从水里上岸后，运动员要马上转入自行车的赛程。在自行车赛段中，整个赛程必须骑自行车完成。如果车胎出了问题，运动员可以带车跑到换胎站换胎。一般来说，运动员必须自己换胎，但是悉尼奥运会专门训练了人手来完成这项工作，他们被分配在沿着赛道的 6 个换胎站里服务。直到 1995 年，奥运会禁止自行车手借助前面选手的气流前进，因为人们认为这样做对前面的选手是不公平的。骑手必须设想一个长 10m、宽 3m 的长方形环绕在周围，作为气流区。他们不能让自己的气流区与其他运动员重叠，除非要超车，但是裁判机构发现要执行这一规则有极大的困难。所以 1995 年他们废除了这条规则，让骑手们自由地互相借风。

长跑赛段最重要的规则就是运动员必须用自己的双脚完成全部比赛。这一条听起来有点"多此一举"，但是在一些令人难忘的铁人三项比赛中，尤其是最艰苦的夏威夷铁人三项赛中，有一次美国选手朱丽·摩斯最后就是爬过终点线的。这种情况不能在奥运会上发生。

在紧张的比赛过程中，一名运动员从游泳换到自行车或者从自行车换到长跑所用的时间至关重要。所以规则规定在换项区域里的动作要受到严格的监控。运动员在换项区域内不能阻止其他的运动员，或者去动他人的竞赛设备。他们必须使用指定的专用自行车架，完成自行车赛段后再将自行车放回原架。从运动员将自行车从架上取下时起直到完成自行车赛段并将自行车放回原架时止，运动员必须戴好头盔以保证安全。运动员必须在指定的区域或者起始线处上下自行车，在换项区域内不得骑车。

禁止任何人裸体或者不适当的暴露身体。这条规则看似简单，但当运动员快速从水中上岸，脱掉防水衣，戴上头盔，套上鞋子，还要从架上取下自行车，"事故"常常会在这时发生。而运动员的目标是在30s以内完成换项的工作。

终点排名与成绩：每名完成比赛的运动员成绩应包括游泳比赛时间、自行车比赛时间、跑步比赛时间和总时间。第一个完成全部三项比赛的获得冠军。

第六节　处罚

比赛期间，运动员不能互相阻挡或妨碍，更不能恶性竞争，做出危险动作。如果运动员在游泳比赛中犯规，就要被罚在游泳赛结束后停留30s再继续比赛。如果在自行车或者长跑赛段中犯规，裁判可能出示黄牌警告。这时运动员必须停止比赛，等待裁判指令后才能继续。如果严重犯规或者多次犯规，运动员就会被红牌罚出赛场。积累两张黄牌就会得到一张红牌，红牌自动罚下。规则鼓励裁判在比赛中前摄性的警告以阻止犯规的发生。但是他们不必在出示第一张黄牌以前警告犯规的运动员。当然，规则的重点是保证比赛顺利进行，裁判介入得越少越好。

第七节　运动技巧

一、铁人三项运动比赛思路

铁人三项运动中运动员应积极扬长避短，合理支配体力，熟练运用技术而获胜。赛前运动员应察看赛场区域路线，并结合个人特点制定总的参赛计划。

二、三项各有具体战术

游泳：游中保持中快速游进；途中跟随合适对手；冲刺要根据赛时条件发挥优势，加速游完赛程。

自行车：出发控制好自行车，以保持稳定骑行；途中尾随骑行，借助前车骑行造成的气流带动可节省体力，并根据风向调整位置，在出发、追赶或超车时运用猛冲技术；距终点30~50m处发起冲刺，争取赶前到达。

长跑：一般采用匀跑，可节省体力、减少消耗。跑程中视体力状况可灵活采用领先跑和相随跑战术。

第八节　项目特点

铁人三项是将游泳、自行车和长跑这三项本身已经具有百年以上历史的运动结合起来而创造的一项新型的体育运动，具有这三个运动项目所不具有的特点。

一、综合性

铁人三项是连续一次完成游泳、自行车、长跑的综合型体育运动项目。灵活多变性：比赛场地可因地制宜，灵活多变，距离可长可短，项目设置可三项可两项，可以有多种形式的设计便于推广。广泛参与性：能够完成铁人三项奥运标准距离比赛的运动员年龄最小仅 9 岁，最大的 91 岁。在竞赛分组上设专业优秀组和业余分龄组，使比赛既有优秀专业运动员的竞争，又满足了广大业余爱好者对挑战极限的喜好。

二、公平竞争性

铁人三项比赛赛程长，难度大，连续性强，便于排除人为因素干扰比赛的进行。

三、刺激性、挑战性

铁人三项是一项耐力与毅力相结合的运动项目，运动员通过比赛完成对自然和自我的挑战，因此具有强烈的刺激性与挑战性，让人忘掉自我。

四、观赏性

比赛在室外进行，风雨无阻，赛场既可设置在海滨城市、风景名胜城市，也可设在山区乡村，具有较强的观赏性。

五、商业性

铁人三项运动被已评为当今世界最具魅力和最具商业价值的十大体育运动之一。

第九节　比赛标准规定

国际铁人三项联盟将国际铁人三项赛事级别定为奥运会、世界锦标赛、世界杯、国际积分赛共 4 级。奥运会铁人三项赛：每 4 年举办一届，每个国家最多有男、女 3 名选手参赛，世锦赛前 3 名、洲锦赛第 1 名和取得国际铁联积分成绩排名前 50 位的选手，方有资格参加奥运会比赛。铁人三项世界锦标赛：每年一届，国际积分排名前100位的选手必须参赛。铁人三项国际积分赛：每年12站，是各国选手获取奥运会参赛资格的第一步。赛事级别仅次于世界锦标赛。

随着铁人三项运动的广泛开展，产生了下面几种距离的比赛。奥林匹克标准距离（51.5km）：游泳1.5km，自行车40km，长跑10km。超长距离（225.995km）：游泳3.8km，自行车180km，长跑42.195km。长距离（148km）：游泳3km，自行车120km，长跑25km。短距离（25.75km）：游泳0.75km，自行车20km，长跑5km。夏威夷铁人三项锦标赛：游泳3.8km，自行车180km，长跑42.195km。尼斯世界铁人三项锦标赛：游泳3.04km，自行车120km，长跑29.44km。世界铁人三项锦标赛：游泳1.5km，自行车40km，长跑10km。这也是铁人三项比赛的标准距离，按游泳、自行车、长跑的顺序进行。北京奥运会比赛设置情况：2008年第29届奥运会铁人三项比赛距离采用奥林匹克竞赛距离，即游泳1.5km、自行车40km、跑步10km，全程共51.5km。设男、女铁人三项两个比赛项目。

第十节　重要赛事及组织

一、奥运会铁人三项比赛

1994年，铁人三项项目被国际奥委会列为奥运会比赛项目，并在2000年悉尼奥运会上首次亮相。奥运会的铁人三项比赛距离为：游泳1.5km、自行车40km、跑步10km，全程共51.5km。比赛共设两枚金牌，男女各一枚。

亚运会铁人三项比赛2006年，铁人三项项目成为亚运会比赛项目，采用的是奥运会距离比赛，即：游泳1.5km、自行车40km、跑步10km。设男子和女子两枚金牌。

二、全运会铁人三项比赛

2005年中华人民共和国第十届运动会，铁人三项正式成为全运会比赛项目。比赛由1.5km游泳、40km自行车和10km跑步组成，设男子和女子两枚金牌。

三、国际铁人三项联盟

国际铁人三项联盟，简称"ITU"，于1989年4月在法国阿维尼翁正式成立，总部设于加拿大温哥华；是国际单项体育联合会总会和夏季奥运会项目国际单项体育联合会协会的成员之一。ITU有近百个国家和地区会员协会，执委会中有4个执行官和7个委员，在世界各大洲都有代表。除铁人三项运动外，该组织同时也是冬季铁人三项、室内铁人三项、陆跑铁人两项、水陆铁人两项、铁人多项运动的国际管理组织。

四、亚洲铁人三项联合会

亚洲铁人三项联合会，简称"ASTC"，成立于 1991 年 6 月 29 日，前三届的主席由楼大鹏担任。

五、中国铁人三项运动协会

中国铁人三项运动协会，简称"中铁协"（CTSA），成立于 1990 年 1 月 16 日，是由爱好、支持和从事铁人三项及相关多项运动的团体和个人自愿结成的全国性、专业性、非营利性社会组织，是中华全国体育总会和中国奥林匹克委员会的团体会员，是国际铁人三项联盟（ITU）、亚洲铁人三项联合会（ASTC）的团体会员，是代表中国参加各类国际铁人三项比赛、会议、培训等活动的唯一合法组织。

2019 年成都金堂
港中旅铁人三项
世界杯赛

第十一节　比赛视频欣赏

全球铁人三项公众号创始人胡春煦。

中国铁人三项运动员李鹏程，圈内"铁支"都叫他"巴斯"。

铁人三项体验组参赛者周楷喻。

第十二节　游泳基础体能训练

一、动作名称："T"形俯卧撑

功能：主要发展胸大肌、三角肌前束、肱三头肌、前锯肌、腹直肌、腹横肌和腹内外斜肌。

起始姿势：俯撑姿势，双手双脚撑地，双手距离微比肩宽，手臂伸直，身体从头到脚踝呈一条直线。

二、动作步骤

"T"形俯卧撑动作步骤如下：

屈肘，身体下沉，至胸部几乎碰到地面，上臂与躯干夹角约为 45°；

快速推起身体，回到起始姿势；

保持右手不动，身体向左侧旋转，竖直向上举起左臂，至双臂成一条直线垂直于对面；

放下左臂，回到起始姿势，换至对侧，重复以上步骤及规定次数。

三、动作要点

"T"形俯卧撑动作要点包括：保持挺胸直背，身体不要晃动；腹部收紧，不要塌腰或者翘起臀部；转体时，保持身体一条直线，手始终位于肩关节正下方。

四、练习次数

以上是一个完整动作，男女各三组，男生 10～20 次/组，女生 5～15 次/组，组间间歇 30～60s。

拓展阅读

"钢铁侠"——白发全

白发全 1986 年 3 月 18 日出生于云南，2007 年以前，他的主项一直是游泳，是云南省游泳冠军、国家一级运动员。在参加完云南省运会并拿到第一名之后，白发全进入云南师范大学学习。2006 年 10 月，成都军区铁人三项队选拔学员苗子，白发全决定加入，正式成为一名铁人三项运动员。2008 年北京奥运会时，他才接触铁人三项训练一年，如果那时候你问他能否去伦敦，他一定会笑着摇头，但如今，他却实现了很多人的梦想。这个 26 岁的男孩，成为中国铁人三项首个靠积分打进奥运会的男选手。

在谈到自己技术特点和优势、劣势的时候，白发全显得很矛盾："我的三个项目非常平均，没有特别突出的，也没有特别弱的，必须要进行更多针对性的训练，在奥运会开赛前将状态调整到最佳。"这是里约奥运会期间记者采访时他说的话。不过在今天看来，白发全在游泳时的呼吸节奏和配合显得越来越默契。同时，30 岁的他仿佛一点也不服老，依然活跃在奥运会赛场上，他说在下次运动会上争取成绩在 25 名之内。

"奥运赛场是一个很大的舞台，世界上所有最优秀的铁三运动员都借着这个契机聚集在一起。在这里，你可以更加近距离地接触他们、了解他们，并能跟他们同场竞技，学习他们的比赛经验。伦敦是我第一次参加奥运会，所以当时主要抱着一种学习的态度，在这个最高的赛场上去认识更多世界顶尖的铁三运动员，学习他们的比赛方式与能力。这次里约奥运会是我第二次站在奥运的赛场上，自己对自己也有了更好的认识，赛前也做了很充足的针对性训练，自然对这次奥运之行有了更高的期待。虽然我已经 30 岁了，但是我觉得我还是可以继续坚持下去。在这两次的奥运经历中，我并没有将中国铁三最好的水平在世界最高的舞台上展现出来。我还是很希望自己能够坚持到 2020 年东京奥运会，将自己的最好水平发挥出来，不留遗憾。"白发全说道。

【章节练习】

考试题型：分为单选题 3 道、多选题 1 道、判断题 10 道、讨论题 1 道

一、单选题

1. 铁三运动在哪里诞生？（   ）

    A. 夏威夷　　　　　B. 挪威　　　　　C. 美国　　　　　D. 德国

2. 参加铁三比赛的运动员最小年龄是？（   ）

    A. 七岁　　　　　　B. 九岁　　　　　C. 八岁　　　　　D. 十岁

3. 参加铁三比赛的运动员最大年龄是？（   ）

    A. 六十二岁　　　　B. 七十一岁　　　C. 八十二岁　　　D. 九十一岁

二、多选题

铁人三项比赛包括哪几项？（   ）

    A. 天然水域游泳　　B. 公路自行车　　C. 公路长跑

三、判断题

1. 奥林匹克标准距离 51.5km。（   ）

2. 铁三运动现有奥运会比三项目分别是：游泳 1.5km、自行车 40km、长跑 10km。（   ）

3. 铁人三项超长距离（225.995km）包括游泳 3.8km，自行车 180km，长跑 42.195km。（   ）

4. 铁人三项长距离（148km）包括游泳 3km，自行车 120km，长跑 25km。（   ）

5. 铁人三项短距离（25.75km）包括游泳 0.75km，自行车 20km，长跑 5km。（   ）

6. 夏威夷铁人三项锦标赛：游泳 3.8km，自行车 180km，马拉松 42.195km。（   ）

7. 尼斯世界铁人三项锦标赛：游泳 3.04km，自行车 120km，长跑 29.44km。（   ）

8. 世界铁人三项锦标赛：游泳 1.5km，自行车 40km，长跑 10km。（   ）

9. 铁人三项比赛是按游泳、自行车、长跑的顺序进行。（   ）

10. 2008 年第 29 届奥运会铁人三项比赛距离采用奥林匹克竞赛距离，即游泳

1.5km、自行车40km、跑步10km，全程共51.5km，设男、女铁人三项两个比赛项目。

（　　）

四、讨论题

你认为铁人三项是怎样的一项运动？

第十五章　龙舟

【章节导入】

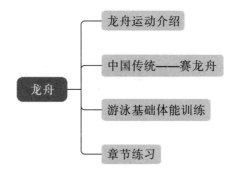

【学习目标】

1. 通过教学使学生对龙舟运动有更深的认识，激发学生对龙舟运动的学习兴趣；
2. 通过教学使学生了解龙舟造型以及龙舟的竞赛规则；
3. 通过教学使学生感受赛龙舟的场面，感受竞争、向上的体育精神。

第一节　龙舟运动介绍

　　龙舟运动是一项集众多划手依靠单片桨叶的划桨作为推进方式，运用肌肉力量向船后划水，推动舟船前进的运动。中国龙舟协会的标准比赛龙舟配备有龙头、龙尾、鼓（鼓手）和舵（舵手），以保持中国民俗传统。在传统龙舟比赛中，可考虑设立锣手。根据区域民俗特点不同，龙舟造型在头尾设计方面包括凤舟、象牙舟、龟舟、虎头舟、牛头舟、天鹅舟、蛇舟等形状，均可保留原有规格和名称，但只要是类似划龙舟的动作，亦统称为龙舟运动。

　　龙舟运动是一项具有浓郁的民族特色的群众性体育活动，起源于中国古代的民间活动，带有民间信仰，具有很强的地域性、群众性和竞技性。龙舟比赛在古代也叫龙舟竞渡、赛龙舟、划龙船、龙船赛会等。据考证，最早的龙舟竞渡活动记载是战国中期的《穆天子传》。而关于龙舟竞渡的起因，中国各地有着不同的传说。根据古代文献记载，至少有五种传说。其中，流传最广、影响最大的说法是源于纪念楚国爱国诗人屈原的活动。随着历史推移，龙舟竞渡逐渐从民间地方习俗演变成具有官方色彩的专业竞技活动，形成有章法、有规范的龙舟体育文化，并蔓延到世界很多国家和地区。龙舟的大小按扒龙舟的人数区分：3 人、5 人、10 人的为小龙舟，长约 1 丈半到 2 丈；20 到 50 多人的为中龙舟，长 5 丈到 7 丈；60 到 100 人以上的为大龙舟，长 9 丈到 10 多丈；还有 200 多人的特大龙舟。（1 丈≈3.33m）

"团结拼搏，同舟共济"的龙舟精神，也是最能代表中华民族的民族精神。龙舟文化是包含划龙舟赛、舞龙、玩龙灯和祭祀龙神等民间习俗和文化娱乐活动的一个文化特质丛，是中华民族传统文化的一部分。

中国传统
——赛龙舟

第二节　中国传统——赛龙舟

一、中国龙舟协会颁布的《龙舟竞赛规则》中规定

龙舟：

22 人大龙舟总长 18.40m（含龙头、龙尾）。

12 人小龙舟总长 12.95m（含龙头、龙尾）。

参赛人数：

公开组 22 人，其中舵手 1 人，鼓手 1 人，划手 20 人。

本地组 12 人，其中舵手 1 人，鼓手 1 人，划手 10 人。

二、龙舟竞赛形式

直道竞速赛：指在尽可能短的时间内通过 1000m 以内标志清楚而无任何障碍的直线航道。

环绕赛：指在半径不少于 50m 以上，直线距离不少于 500m 以上的人工或自然水域所进行的多圈赛事。

拉力赛：指在自然环境水域，但必须是封闭的航线上所进行的长距离赛事。

表 1：各龙舟竞赛形式的航道长度

直道竞速赛				环绕赛			拉力赛
250m	500m	800m	1000m	5000m	10000m	20000m	10km 以上

三、龙舟竞赛规则

（一）进入起点

赛前 5min，各队根据起点裁判的指令进入规定的航道起点处；赛前 3min 进行点名，此时未能进入起航位置的队将受到黄牌警告，此等警告将作为抢航犯规一次计算；赛前 2min 取齐员开始排位。

（二）出发准备

各队舵手紧握好裁判调船绳（或杆），指挥好划手按取齐员的要求调整好龙舟的位置，将龙舟（龙头）前沿稳定在起航线上，此时有不服从裁判指挥或有意拖延时间者，将受到黄牌警告，此等警告也将作为抢航犯规一次计算。

（三）起航

各队准备就绪后在赛前 1min 时间内，发令员可以组织出发，发令程序为："各队注意"（运动员做准备姿势），"预备"（运动员处于静止状态），鸣枪或大会规定出发信号（笛声）各队出发。

（四）抢航犯规

发令员发令（鸣枪）前，凡划桨划动或利用敲鼓、吹哨、呼喊指挥划手者，均判罚为抢航犯规。

（五）抢航信号

赛队发生抢航后，起点裁判将以连续"鸣锣"或鸣枪等大会规定之信号以示抢航犯规，途中裁判艇进行拦截，召集各队回到起点。

（六）犯规处罚

同组比赛两次受到黄牌警告的赛队、一项黄牌警告又抢航一次的赛队、连续两次抢航的赛队、发生抢航后拒绝裁判召回至起点的赛队均被红牌判罚，取消该项比赛资格。

每组比赛的起航次数不得超过 3 次，若发令员组织第 3 次起航时发生抢航犯规，该组将不再召回，比赛继续进行，只通知途中裁判第 3 次起航时抢航犯规的参赛队的所在航道，由途中主裁判出示红牌，令其退出航道，取消该项比赛资格。

发令员发令（鸣枪）后，该队不论任何原因延误起航，责任自负。

（七）途中

（1）起航后，各队应自始至终在本航道划行，龙舟任何部分均不得超越本航道。

（2）各队鼓手应积极有节奏地敲鼓指挥划手，可以吹口哨配合鼓声指挥划手，未曾积极敲鼓的赛队将被罚加时 5s，此规定在起航 50m 之后生效。

（3）长距离比赛中，进入弯道后超越另外的龙舟，必须相隔 5m 以上，从外航道超越；否则，发生碰撞，判主动超越者犯规。前面的龙舟应主动划向内侧航道，以避免碰撞；不让道者，可给予黄牌警告，直至取消比赛资格。

（八）终点

同步起航，以各龙舟到达终点的先后顺序判定名次，单独起航以计时成绩判定名次。

第三节　游泳基础体能训练

一、动作名称：交叉式登山练习

功能：腹肌训练。

二、动作步骤

交叉式登山练习动作步骤如下：

身体保持俯卧撑姿势；

双脚向前提，膝盖尽可能提高，并让臀部放低，保持平撑姿势，脚在往前提的时候尽量让膝盖碰到对侧手；

交换另一侧，重复以上动作。

三、动作要点

交叉式登山练习动作要点包括：身体保持正直，控制自己的动作；尽量将膝关节提高；尽量碰到对侧手肘，熟练后加快速度。

四、练习次数

以上为一个完整动作，男女生各三组，男生 12 次/组，左右腿各 6 次/组；女生 10 次/组，左右腿各 5 次/组。

【章节练习】

考试题型：分为单选题 3 道、判断题 2 道、讨论题 1 道。

一、单选题

1. 22 人大龙舟（含龙头龙尾）总长为（　　）

　　A. 16.4m　　　　　B. 17.4m　　　　C. 18.4m　　　　D. 19.4m

2. 下列不属于龙舟竞赛形式的是（　　）

　　A. 接力赛　　　　B. 直道竞速赛　　C. 环绕赛　　　　D. 拉力赛

3. 环绕赛：指在半径不少于（　　）m 以上，直线距离不少于（　　）m 以上的人工或自然水域所进行的多圈赛事。（　　）

　　A. 30　300　　　　B. 40　400　　　　C. 50　500　　　　D. 60　600

二、判断题

1. 龙舟运动是一项集众多划手依靠单片桨叶的划桨作为推进方式，运用肌肉力量向船后划水，推动舟船前进的运动。 （   ）

2. 龙舟运动具有很强的地域性、阶级性、群众性和竞技性。 （   ）

三、讨论题

龙舟精神和龙舟文化包含哪些内容？

第十六章　水下曲棍球

【章节导入】

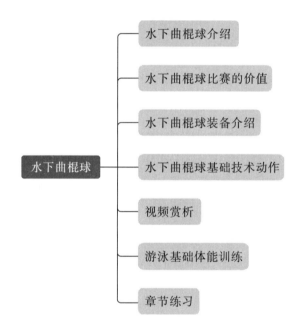

【学习目标】

1. 通过教学使学生对水下曲棍球有更深的认识，激发学生对水下曲棍球的学习兴趣；

2. 通过教学使学生了解水下曲棍球比赛以及比赛规则；

3. 通过教学使学生体会水下曲棍球的比赛场面，感受竞争、向上的体育精神。

水下曲棍球简介

<h1>第一节　水下曲棍球简介</h1>

一、水下曲棍球的起源

据世界水下活动联合会（The World Underwater Federation，简称CMAS）官网介绍，水下曲棍球（以下简称水曲运动）是英国海军在20世纪50年代发明的，用以锻炼潜水员的体能，增强水下行动能力和工作效率。也有另一种说法，水曲运动是在1954年的英国，由英国普利茅斯的南海潜水俱乐部秘书长艾伦·布莱克（Alan Blake）发明的。在英国的冬季，天气寒冷，有数月都无法在开放水域进行潜水，为了保持俱乐部潜水会员们对潜水的兴趣和热情，他想发明一种与之相关的水下运动。在俱乐部其他成员的协助下，水曲运动应运而生，当时被称作Octopush。

水曲运动发明后不久便在英国的潜水俱乐部间流传开来。随后，水曲运动又流传到了南非。1962年，由一位水肺潜水教练员把水曲运动带到了加拿大。1966年，水曲运动又随他来到了澳大利亚，然后，水曲运动开始在世界各大洲流传开来。

二、水下曲棍球的发展

在水曲运动逐渐发展起来的过程中，一些水曲比赛也开始在不同国家出现，但其中最负盛名的是两年一届的水下曲棍球世界锦标赛。第一届于1980年，由加拿大举办。至今，水曲世锦赛已经举办了二十届了。

如今，水曲运动已经以"Underwater Hockey"之名闻名于世，只有英国还称之为"Octopush"。

三、水下曲棍球的现状

水曲运动目前属于非奥运会正式比赛项目，归属于世界水下活动联合会组织管理。

据官方统计，正式参加水曲世锦赛的国家超过 20 个，非正式参加国家超过 40 个，其中新西兰、英国、法国、土耳其、澳大利亚、南非和哥伦比亚实力较强。2018 年第二十届世锦赛，在加拿大魁北克举行，新西兰获精英组男、女双料冠军。2019 年第五届世锦赛（U 系列），在英国谢菲尔德举行，新西兰获 U19 组男、女双料冠军；土耳其获 U24 组男子冠军；新西兰获 U24 组女子冠军。2019 年第十六届欧洲洲际锦标赛，在西班牙德拉普拉纳举行，土耳其获男子组冠军，法国获女子组冠军。2019 年第三十届东南亚运动会（SEA Games）在菲律宾马尼拉举行，水曲比赛被列为赛会项目，新加坡、菲律宾、印度尼西亚和马来西亚均有参赛。最终，新加坡获男子组冠军，菲律宾获女子组冠军。

除 CMAS 官方举办的水曲比赛以外，为推动水曲运动发展和交流，各国也会举办全国性的锦标赛，甚至跨国或跨洲的公开赛。在个别水曲运动较为普及的国家，还有水曲联赛，比如法国、美国等。总之，水曲运动在欧美及大洋洲有着比较广泛的群众基础；而在亚洲，水曲运动受众群体相对较小，属于比较小众的运动项目，比较知名的国际赛事有每两年举办一届的亚洲水曲锦标赛和马尼拉水曲公开赛。

四、中国水下曲棍球的发展与现状

水曲运动早在 20 世纪 80 年代初期就传入亚洲，首先是通过马尼拉的潜水俱乐部在菲律宾开始发展；2004 年，澳大利亚人将水曲运动带入新加坡；2009 年，由新加坡归国华人带入中国成都。之后，水曲运动从成都流传至北京、上海等大城市，直到 2015 年水曲运动才在中国迎来了快速发展。2015 年，北京民间组织了第一届全国性的水下曲棍球锦标赛，水曲运动引起了全国范围内的关注与反响。2016 年在成都举办的第二届锦标赛、2017 年在杭州举办的第三届锦标赛（同年，在北京举办第七届亚洲水曲锦标赛）和 2018 年在重庆举办的第四届锦标赛，国内的水曲运动队伍不仅在逐渐壮大，由之前的几个城市代表队扩大到目前十几支城市代表队（包括成都、北京、上海、苏州、杭州、重庆、广州、深圳、珠海、厦门、昆明、南宁、济南、石家庄、邯郸、绵阳、温州、香港等城市及地区）。

水曲运动也受到了国家体育总局水上运动中心的高度关注与支持，2019 年开始，至今的全国性水曲比赛都是由国家体育总局水上运动中心主办。中国的水曲比赛也正式完成了从民办到官办的转型，迎来了中国水曲运动的全新时代。

目前，国内各城市代表队均以非营利俱乐部性质开展水曲运动，在成都、北京、上海等城市有较大型的水曲运动俱乐部，每周会定期举行水曲运动训练。各城市水曲运动俱乐部都在积极努力地推广和发展水曲运动，有的尝试走进高校，有的联系其他民间组织进行义务知识讲座和现场指导。

另外，为扩大水曲运动受众群体，开展青少年水曲运动培训也是刻不容缓。成都、邯郸、北京、佛山、深圳、绵阳、苏州、温州等地都在大力地推广青少年水曲运动，特别是在北京，出现一地多个青少年水曲运动俱乐部的盛况。

水下曲棍球比赛
开展的价值

第二节　水下曲棍球比赛开展的价值

水曲运动可以吸引不会游泳和已经学会游泳的人群继续参与到水上运动项目中，而水上运动对于人体健康尤其是青少年的成长是有益的，特别是对心肺功能的锻炼起到非常积极的作用。

而水曲比赛是集体运动项目，有着促进成人和青少年社会互动的优势。水曲比赛对进攻和防守队员都有着十分细致和全面的规则，集体性是这些项目的主要特点。水曲比赛以两队成员相互协助、共同攻守的对抗形式进行竞赛，将整体的智慧与技能协同相配合，反映了和谐互助的团队精神。在这个小集体中，队员扮演着不同的角色，承担着不同的任务。水曲比赛更特别之处是，在比赛中（水下）无法进行语言沟通，队员们之间的相互默契和信任的建立是致胜关键，这需要坚持长期规律训练。可见水曲比赛对于坚持锻炼身体和促进人与人之间的信任也是有促进作用的。青少年在水曲比赛中认识并遵守比赛规则，为接受与遵守社会行为规范、社会秩序打下了良好的基础。

水曲比赛与陆上集体球类运动比赛锻炼效果相同，但属于非肢体接触类对抗运动。不同于其他集体球类运动比赛规则所允许的合理冲撞或拆挡，任何用肢体阻挡对方进攻或防守的动作在水曲比赛中都是不允许的。所以，水曲比赛的肢体碰撞强度相对更小，运动员受伤的概率更低。

开展水曲比赛，可以帮助游泳爱好者巩固、提高游泳技术，同时提升水中运动体验感，保持对于水中运动的兴趣。另外，也可以让参与者通过比赛学会合作、团结、交流等技巧，同时培养良好的抗压能力。水曲比赛相比陆上集体球类运动比赛，对身高或体型的要求更低，小个子或者超重的人群同样可以参与其中并有大作为。

水曲比赛的开展，可以吸引更多潜在观众与球迷，从而产生更多参与者，形成良性循环，有助于水曲运动的发展。

水下曲棍球
装备介绍

第三节　水下曲棍球装备介绍

一、必要装备介绍

以下水曲装备均按照世界潜水联合会（以下简称 CMAS）制定的水下曲棍球比赛规则要求的标准和学员培训两种方式进行介绍。

（一）水曲球

1. 规则标准

球的外部尺寸（包括保护层）直径为 80mm±4mm；厚度有 30mm（＋4mm，－2mm）。球的边沿半径，不论是否包括保护层，应在 3mm 至 10mm 之间。球重 1.3kg±0.2kg。球的颜色必须鲜明，辨识度高的粉红色或橙色是首选，而在世界锦标赛中的球必须是明亮的粉红色或橙色。如果是正式的世界锦标赛或区域锦标赛，球必须得到世界锦标赛赛会的批准。

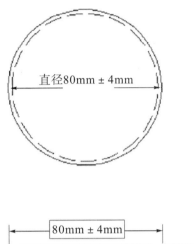

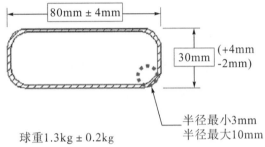

球重1.3kg ± 0.2kg

2．学员培训

装备名称：水曲球。

装备用途：供水曲训练或比赛使用。

装备使用注意事项：球体颜色一般鲜亮，如粉红色，便于在水中辨认。球体较重，应轻拿轻放。切勿直接抛入（泳池）水中，以免造成不必要的人员和场地损伤。

关于水曲球的使用建议。运动员应尝试使用不同的水曲球训练，特别是在知道比赛用球的款式之后，更应该尽可能地使用比赛款水曲球进行训练。水曲球没有完全统一标准，不同地区使用的水曲球各有不同，如球的重量、球的直径、球的厚度以及材质等。这些看似细微的区别会导致水曲球综合属性的巨变，并对运动员的控球、发球等技术动作造成很大影响。

（二）球棍

1．规则标准

球棍材料可用木材、树脂、塑料或其他经批准的材料制成；球棍尺寸必须可以完全装在内部尺寸为 100mm×350mm×50mm 的盒子内。在规定的最小和最大尺寸范围内，球棍可以是任何形状或设计。下图仅供参考。

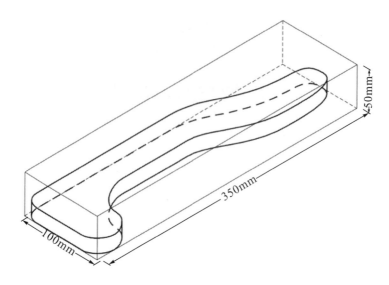

球棍设计不能有环绕球或任何手的部分的功能。球棍不能将球包裹超过50％或将球锁定在球棍上。球棍从手的掌跟突出部分不超过25mm。整个球棍边沿的拐角半径最小为10mm。

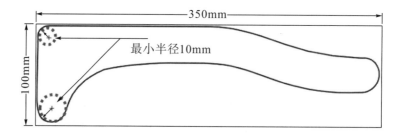

球棍颜色必须是统一的黑色或白色，也可以在球棍上做少量的、简单的其他颜色标记，以方便运动员区分和识别。但是，如果主裁判或水上裁判认为这些标记可能会造成对球棍颜色的混淆，则该球棍不得在该场比赛中使用。

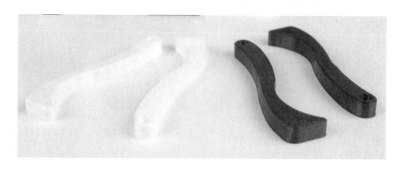

球棍可以"固定"在运动员的手上，前提是不会造成人身伤害或干扰球的运行。

球棍必须是安全的，它的结构必须完整，且边缘是弧形，以避免造成人身伤害。如果主裁判或水上裁判认为该球棍可能造成人身伤害，则该球棍不得在该场比赛中使用。

球棍的"触球区域"（虚线区域）是未被运动员（被保护的）手所包裹的区域，以及拇指尖和食指靠在球棍上的区域。球棍从运动员（被保护的）手的掌跟突出部分不得用以击球。

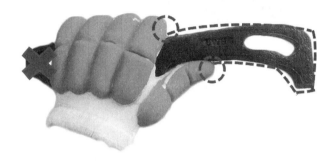

2. 学员培训

装备名称：球棍。

装备用途：水曲运动训练或比赛中击球用；区分球队。

装备使用注意事项：球棍仅在水曲运动训练和比赛中击球用，不作其他用途，比如抛扔球棍游戏；用球棍进行人身攻击等。

3. 球棍其他知识

球棍分为正面、内侧、上面、底部、球勾和把手六个部分。

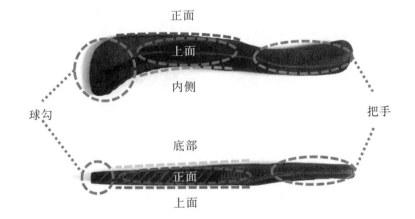

球棍的正面和内侧都有斜面，而这两个斜面对于发球至关重要。斜面角度一般在5°~12°。通常情况下，10°~12°的球棍斜面比较容易发较重的球；而5°~8°的球棍斜面比较容易发较轻的球。如果球棍斜面角度小于5°，则发球时很难将球抛到空中；如果球棍斜面大于12°，则发球或带球时很容易出现溜球的情况。

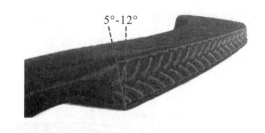

（三）手套

1. 规则标准

手套不得含有坚硬或锋利的加固材料；手套手指之间不得有蹼，也不得有任何有助于游泳的设计。

运动员所戴的手套颜色必须与所持的球棍颜色及比赛所用球的颜色有强烈的对比，以免运动员在控球时视觉混淆。水上裁判的手套为亮黄色或橙色，运动员不得佩戴与水上裁判颜色相仿的手套。

在世锦赛中，球必须是粉红色或橙色。因此，在世界锦标赛中，粉红色不能作为手套颜色。

2. 学员培训

装备名称：手套。

装备用途：手部防护。

装备使用注意事项：手套材质需柔软，无可加固的硬物或锋利物；无任何有助于游泳的设计；手套颜色必须与球棍、球和裁判手套颜色有强烈对比，以免视觉混淆。

（四）脚蹼

1. 规则标准

脚蹼的材质必须是柔韧的，无金属或其他坚硬材质的扣件。若使用碳纤维脚蹼或玻璃纤维脚蹼，必须给蹼片用橡胶包边，以免造成潜在的人身伤害。

2. 学员培训

装备名称：脚蹼。

装备用途：为运动员提升水中动力；具有一定的防护作用。

装备使用注意事项：穿戴脚蹼首要安全原则是切忌穿戴着脚蹼在陆上行走，以免摔伤。为避免脚部磨伤，可根据运动员自身情况穿薄棉袜或潜水袜。

脚蹼分为脚袋（或脚蹼带）、龙骨和蹼片三个部分。

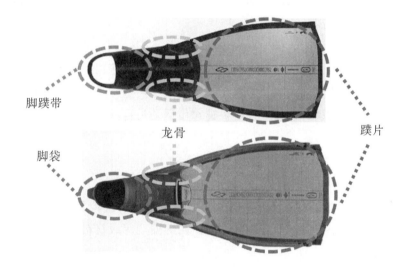

按照脚蹼材质可分为塑料脚蹼、橡胶脚蹼和复合材料脚蹼，如碳纤维脚蹼和玻璃纤维脚蹼。

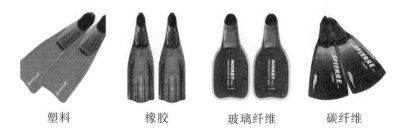

塑料　　　　橡胶　　　　玻璃纤维　　　　碳纤维

按照脚蹼的款式可分为全掌脚蹼和半掌脚蹼。全掌脚蹼即有脚袋的脚蹼，穿戴脚蹼时，整个脚掌处于脚袋的包裹中。穿戴半掌脚蹼时，脚掌的后半部分是裸露的，运动员通过脚蹼带固定和穿戴脚蹼。

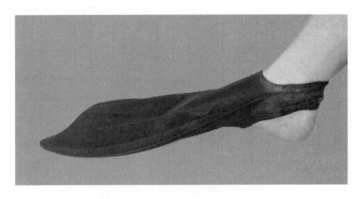

关于选择合适的脚蹼。水曲运动对脚蹼的加速度、耐用度以及舒适度等的要求较高，选择一款合适的脚蹼至关重要。

水曲运动初学者和进阶学员一般不推荐使用塑料脚蹼，更常用的是橡胶脚蹼，而竞赛运动员一般选择使用专门订制的碳纤或玻纤脚蹼。一般的塑料脚蹼质地偏硬；普通训练用的橡胶脚蹼（这种橡胶的质地如小黄鸭）质地偏软；专业的橡胶脚蹼和复合材料脚蹼可以根据运动员自身需求选择硬度。

另外，脚蹼的款式不同，蹼片的大小和长宽就不同，运动员应根据自身的踢蹼习惯选择合适的脚蹼。一般情况下，运动员踢蹼属于高频、快速踢蹼的类型，选择蹼片较小的脚蹼；而运动员踢蹼属于大幅、力量型踢蹼的类型，选择蹼片稍大的脚蹼。

至于全掌或半掌脚蹼的选择，也是根据每位运动员自身力量、柔韧性以及踢蹼习惯等因素而决定的。

（五）面镜

1. 规则标准

面镜必须是双镜片设计，或在面镜框架中有一个中心分隔物或支撑物的单镜片设计，或塑料的整体框架设计。所有镜片均应由防碎安全等级材料制成。

2. 学员培训

装备名称：面镜。

装备用途：避免鼻腔进水；为运动员提供更开阔的水下视野；具有一定的防护作用。

装备使用注意事项：为防止面镜镜片起雾，可在使用前涂抹防雾剂。防雾剂不可直接接触眼部，涂抹后用清水冲洗面镜。妥善保存面镜，避免手指或其他硬物直接接触镜片；避免面镜被挤压或撞击。

每位运动员的脸型是不同的，为确保选择的面镜足够贴面，避免漏水，在选择面镜的时候，将面镜轻轻地置于面部（正常佩戴位置），用鼻吸气后屏住呼吸。在以上操作下，若面镜可以在面部贴合并不掉落，则该面镜适合佩戴。

（六）呼吸管

1. 规则标准

运动员需佩戴非金属、柔韧的呼吸管，并确保呼吸管无尖锐或突起部分。

2. 学员培训

装备名称：呼吸管。

装备用途：确保运动员在水面保持水底视野的情况下进行呼吸换气。

装备使用注意事项：为避免潜在的人身伤害，呼吸管的材质必须全部是柔韧的橡胶，不可用硬塑料或金属呼吸管。呼吸管的粗细应以运动员可以塞入自己的拇指大小为宜，确保运动员可以轻松地换气；呼吸管的长度应以佩戴好之后，不超过运动员头顶部2~3cm为宜，以减小水中运动阻力和提高换气效率。

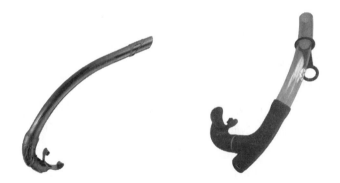

（七）护嘴

1. 规则标准

佩戴能充分保护牙齿和牙龈不受伤害的装置或护具，包括护嘴或护齿。

2. 学员培训

装备名称：护嘴、护齿。

装备用途：保护运动员牙齿和牙龈。

装备使用注意事项：护嘴和护齿都适用于水曲运动中对运动员的防护，考虑到对唇部的防护以及呼吸管的咬合习惯，一般推荐使用护嘴，也可以同时使用。护嘴应固定在呼吸管合适的位置上，以确保给运动员提供充分的保护。

（八）球帽

1. 规则标准

运动员必须佩戴有牢固的聚乙烯或橡胶护耳的球帽或头套。

2. 学员培训

装备名称：球帽。

装备用途：保护运动员耳朵和头部；区分球队；区分运动员。

装备使用注意事项：无。

二、其他装备介绍

（一）球门

球门应由镀锌或不锈钢（最小厚度为2mm的金属板）或类似的框架制成。所有锋利的边缘应被打磨光滑或覆盖住。

球门是开放式球门。总长度为3.36m，内槽为3m，固定于两端底线的中心位置。球门前沿后方的凹槽区域被称为"内槽"。球门背板上必须有2条垂直线，用以标注球门的3m线。暂定全国青少年水曲比赛赛制是四人制，球门的宽度是2m。

（二）泳衣和泳裤

按比赛规则要求所有运动员的泳衣裤必须统一，每支队伍必须备有两套泳裤衣裤，一套浅色的（当队伍是白队时），一套深色的（当队伍是黑队时）。

使用竞速泳衣裤以减小水阻。

（三）脚蹼扣

脚蹼扣又被称为三角扣或"Y"形扣，是由橡胶制成，用以固定脚蹼的穿戴。

（四）泳帽

泳帽用以固定长发，也有一定保温功能。

（五）8字环

8字环用以固定护嘴和呼吸管，或固定呼吸管和球帽。

（六）潜水袜

潜水袜用以减小脚部和脚蹼之间的摩擦，避免脚部磨伤。确保袜颈紧致、贴合，不要太长，以免增加水阻。

（七）面镜带

面镜带用以避免面镜在激烈对抗中脱落。

以上对所有装备的要求，以 CMAS 水曲比赛规则最新版本为准。

最后，强烈建议学员将所有的个人物品和装备在使用前做好姓名标记以便区分；在训练或比赛后及时将个人物品和装备置于通风处晾干，勿靠近热源。

三、水曲比赛基本规则

水曲比赛，全称水下曲棍球运动比赛，是在游泳池底进行的竞技性运动。运动队分为黑、白两队，双方设法将赛场中央的水曲球打入对方球门即可得分，在限定比赛时间内得分高者获得比赛胜利。

（一）比赛人数

标准水曲比赛是 6V6 制。黑、白两队每队最少需要 6 名运动员，最多可以拥有 12 名运动员。其中，6 名运动员在场地中进行比赛，4 名运动员在替换区等待，还有 2 名运动员可以作为场外候补（当场比赛未列入比赛运动员名单的，场外候补的运动员不得在当场比赛中参赛）。

另外，根据不同赛事要求，水曲比赛也可以是 3V3 或 4V4 制，具体运动员人数要求随赛事规则要求不同而改变。比如，目前中国暂定全国青少年水曲比赛赛制是 4V4，4 名运动员在场地中进行比赛，替换区可以有最多 4 名运动员等待替换。

（二）比赛场地

通常在一个长 25m、宽 15m，水深在 2～4m 的游泳池进行比赛。赛场的两边末端（泳池池底）各有一个（内槽）宽 3m 的球门。赛场两侧有长 5m、宽 1m 的替补区，替补区可能根据场地实际情况设置在水中或陆上；也有可能设置在赛场的两边末端。另外，根据不同赛制要求，比赛场地的长和宽也会随之缩短。比如，目前中国暂定的全国青少年水曲比赛场地宽度是 10～12m、长度是 16～20m、深度是 1.5～2m 的游泳池，球门宽度是 2m。

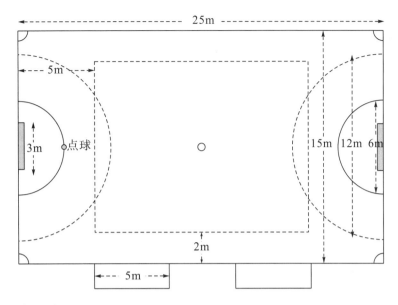

（三）比赛用球

水曲球直径为 76～84mm，高 28～34mm 的实心铅球，重量为 1.1～1.5kg。

（四）比赛时间

一场标准水曲比赛时间为 33min，分上、下半场进行，每半场 15min，中场休息 3min，休息时间内，双方交换场地。一般情况下，比赛过程中因犯规造成的比赛暂停是不停时的，除非下半场最后 2min 裁判暂停，任何时候进球都不停时。另外，根据不同赛制要求，比赛时间也会随之变化。比如，目前中国全国青少年水曲比赛的暂定时间是 10～12min 半场，上下个半场，中场休息 3min。其他相关比赛时间规则详见 CMAS 水曲比赛规则。

（五）比赛装备

参赛水曲运动员必须佩戴脚蹼、球棍、手套、面镜、呼吸管、护嘴和球帽等专业水曲装备。其他相关比赛装备规则及要求详见 CMAS 水曲比赛规则。

（六）比赛开始

双方运动员从赛场两边末端出发，水曲球置于赛场正中央。主裁判"鸣笛"示意比赛开始，双方运动员即可出发开始比赛。

（七）比赛进球

运动员在池底用球棍利用推、刷等发球技术动作，将球打入球门内即算作进球得分。水曲球需整体进入球门的内槽或击中球门内槽的背板才算作进球；水曲球仅部分进入球门内槽或从球门斜坡滑过不算作进球。更多相关比赛进球规则详见 CMAS 水曲比赛规则。

（八）比赛犯规

水曲比赛规则相对简单，因为水曲是一项"非肢体接触"类的运动项目。水曲比赛中，运动员不可以用自由手（非持球棍手）干扰对方运动员的进攻或防守；"拆挡"和阻挡也都是不被允许的；球棍是唯一可以用来控球的装备，使用其他身体部位的任何形式控球都是不被允许的。比赛中若出现犯规情况，水裁会示意暂停比赛，根据犯规情节，水裁会做出相应判罚，比如口头警告、运动员出场罚时 1~5min 等，被犯规的运动队会获得优势球。犯规的运动队需要退离水曲球 3m 开外，直至优势球开出才可重新开始比赛。若在球门前发生影响进球的犯规，水裁还可以判罚点球。更多相关比赛规则详见 CMAS 水曲比赛规则。

（九）比赛裁判

比赛裁判分为陆裁和水裁，及记分员和计时员。水曲比赛一般要求 2~3 名水裁和 1 名陆裁。一般情况下，陆裁是当场比赛最高级别裁判，担任主裁判。比赛中，当发生犯规或其他需要暂停比赛的情况，水裁将手伸出水面向陆裁示意，陆裁"鸣笛"向所有运动员示意暂停比赛。比赛的重新开始也是由主裁"鸣笛"示意。更多相关比赛裁判详见 CMAS 水曲比赛规则。

（十）比赛换人

水曲比赛中，任何时间均可换人。下场运动员需要先进入到替补区，上场运动员才可入场。只有在比赛进球时，换人没有任何限制，上场运动员可以在下场运动员进入替补区之前先入场。比赛期间，每队的换人人数与次数没有限制。更多相关比赛换人规则详见 CMAS 水曲比赛规则。

（十一）比赛礼仪

水曲比赛结束后，黑、白两队都会由各自队长发起致敬口号，并由己方所有运动员一起向对方呐喊，以示敬意。最后，两队还会在比赛场地中央列队，己方所有运动员依次与对方所有运动员击棍或握手，以示友谊。水曲比赛作为一项水上的绅士运动，水曲礼仪并没有在比赛规则中书面呈现，却是每位水曲运动员都遵守的规则。

水曲运动基础
技术动作

第四节 水曲运动基础技术动作

水曲运动属于技能主导类的同场对抗性运动，又是在水下这种特殊环境中进行的，汇集了入水、踢蹼、换气、带球等对抗技术动作。通过本章学习，可以对水曲运动如何进行有较为全面的认识，同时对水曲运动基础技术动作有初步的了解。

一、使用呼吸管

水曲运动中运动员装备的呼吸管并不能在水下直接呼吸，需要在水面将呼吸管内的水排出后才可以正常呼吸。具体方法如下。

第一，佩戴好呼吸管，嘴部咬合呼吸管底部的呼吸口。轻轻咬合，确保无缝隙即可。

第二，带着呼吸管潜入水中后（此时，呼吸管内已填满水），先将呼吸管顶端露出水面。

第三，然后，通过呼吸管，以短而强有力的呼气将肺部气体排出，同时也会将呼吸管中的水全部排出。

第四，在呼吸管中的水被排出后，方可使用呼吸管在水面正常呼吸，呼吸时应保持呼吸管顶端露出水面。

第五，呼吸管使用注意事项。因为呼吸管的样式或每位运动员的排水能力不同，为避免使用呼吸管呼吸时呛水，通常会采用"二次排水"。具体方法如下：在第一次排水后，小口吸气，大口出气。因为在第一次排水后，运动员的肺部已经没有存余的空气，也就没有办法排出呼吸管内可能还存在的少量积水。此时，如果像正常呼吸一样大口吸气，可能会将呼吸管中的少量积水吸入口腔或咽喉部导致呛水。所以，此时采用小口吸气的方式，可以在不会将呼吸管中积水吸入的情况下进行吸气。待肺部填满空气后，又可以短而有力地呼气，将呼吸管中全部积水排出，从而可以使用呼吸管进行正常呼吸。

二、踢蹼

水曲运动中运动员通常采用自由泳腿和蝶泳腿两种踢蹼方式。

在水面时，一般采用自由泳腿的踢蹼方式。注意：踢蹼时尽可能保持脚蹼不踢出水面，以避免增加脚和腿部压力，也避免降低踢蹼的效率。

在水下时，一般采用自由泳腿和蝶泳腿两种踢蹼方式。

自由泳腿的踢蹼方式是水曲运动员最为常用的，因为双腿交替踢蹼，可以给予持续的动力输出，也因为仅需要双腿踢蹼，在水曲运动中的带球、转身或发球等动作都可以非常稳定地完成。

蝶泳腿的踢蹼方式也受到水曲运动员的青睐，因为蝶泳腿踢蹼时以腰部为发力点，大腿带动小腿发力，协同身体更多部位的肌肉发力，最高游速和冲击力会比自由泳腿的

踢蹼方式更明显。当然，蝶泳腿的踢蹼方要求双腿同时发力，在进行转身、发球等技术动作时比较困难，在带球和控球时稳定性稍弱。

　　自由泳腿和蝶泳腿两种踢蹼方式没有绝对的优劣之分。在同样熟练的情况下，蝶泳腿一般会更快，但是配以合适尺寸的脚蹼和高频的踢蹼，自由泳腿的踢蹼也可以达到非常快的游速。加之自由泳腿的稳定性，简单易学，目前是水曲运动员中最常用（或者说必备）的踢蹼方式。而蝶泳腿的踢蹼方式虽然会造成其他水曲技术动作的不稳定，但蝶泳腿在关键时刻发挥出的超强爆发力可能在水曲比赛中起到决定胜负的作用。总之，无论是哪种踢蹼方式，运动员应根据个人习惯偏好、临场情况有效地结合使用。

三、保持流线型

　　在水曲运动中，运动员在水中的流线型姿势至关重要。

　　在水中，运动员保持着良好的流线型遭遇的水阻更小，也就可以游得更快；还可以为运动员节省体能，在水中憋气的状态下完成更多技术动作；同时还能保证运动员有更好的身体灵活性。反之，由于蹼泳技术不到位，难以保持良好的流线型，运动员在水中面临较大的水阻，不仅会减慢游速，还会很大程度上影响其他技术动作的发挥。

四、提升蹼泳技术

　　蹼泳的技术特点是上肢向前伸展不动，依靠腰、臀、腿协调发力，最后通过脚蹼鞭水向前游动。因为水曲运动员的身高体重、腿长臂展及力量等身体指标各有不同，找到合适自己的蹼泳方式进行训练尤为重要。蹼泳的技术动作是周期性技术动作，一个周期包括向下打腿和向上打腿两个动作环节。运动员在蹼泳训练时，尝试改变向上、下打腿的幅度和频率，具体操作可以从大幅慢频逐渐调整成小幅快频的踢蹼方式。运动员在不断地尝试中感受发力和游速，并最终找到合适自己蹼泳启动、匀速游和冲刺时踢蹼的幅度和频率的组合。为了提升水曲运动员在水中的流线型质量，可以尝试用以下方式练习蹼泳技术。

　　（一）慢速蹼泳

　　慢速蹼泳即尽可能地保持较慢速度进行蹼泳练习，其主要目的是集中精神感受运动员身体在水中的水阻。无论采取自由泳腿还是蝶泳腿的方式踢蹼，都必须夹肩。夹肩需手指并拢，双掌重叠，掌心向下，两支上臂紧夹耳后上方或头后方，双肩双臂需要充分伸平，目视前下方。

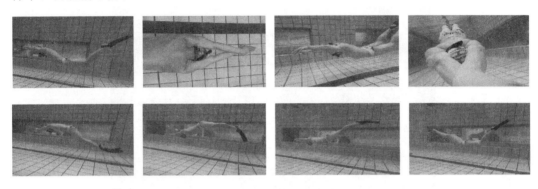

（二）快速蹼泳

快速蹼泳即逐渐加速并全力冲刺的蹼泳练习。当运动员已经找到了适合自己的踢蹼幅度和频率后，可以尝试用该方式进行蹼泳的速度练习。具体练习操作是全程前三分之一进行慢启动，中程三分之一进行逐渐加速，后程三分之一进行全速冲刺。

（三）蹼泳发力

蹼泳发力时蝶泳腿和自由泳腿的踢蹼方式不同在于，前者是以腰部为发力点。两者相同的是，大腿主动向下发力，带动小腿发力下压，脚踝伸直加速向下发力，最后脚蹼完成鞭水动作。无论哪种踢蹼方式，打腿时膝关节应自然伸直，脚尖绷直。

五、入水

水曲运动通常采用鸭式下水和蛙式下水两种入水方式。水曲比赛中，双方的对抗都是在池底进行的，运动员们为了换气和参与比赛对抗，需要不停地往返于水面和池底。因此，高效的入水方式至关重要，不仅可以帮助运动员快速地下潜到池底，还可以帮助运动员节省体能。

（一）鸭式下水

顾名思义，鸭式下水就是像在水面游动的鸭子一样，一头扎入水中的下潜方式。具体方法如下。

首先，将身体置于水面平行的位置，双手在前自然伸直。为了增加入水的推力，可以先在水面向前踢蹼游动起来。

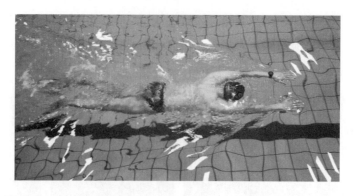

然后，双手同时向下压，伸入水下。

与此同时，腰部向池底方向发力带动整个身体开始下潜，直至整个身体平行于池底。

最省力的鸭式下水，是无需借助踢蹼即可完成的；在下潜到池底后，下潜的惯性还可以帮助身体在池底滑行一小段距离。

在实际应用中，运动员使用鸭式下水时可以踢蹼加速，通过踢蹼的加速度帮助运动员更快到达池底，自由泳腿或蝶泳腿的踢蹼方式均可。

需要特别注意的是开始踢蹼的时机，一定要在脚蹼没入水中后才开始踢蹼，不要脚蹼在水面上踢"空蹼"，避免对脚踝的损伤和多余的体能消耗。

（二）蛙式下水

运动员入水时，姿态类似青蛙的样子。不同于鸭式下水，蛙式下水并非上半身先扎入水中，而更像是身体直立着坠入水底。具体方法如下。

首先，将身体竖直于水面的位置，臀、腿部均低于头和肩部。

开始下潜之前，需要先蹬腿给身体提供一个向上的动力，再利用身体下落时的惯性直立"坠"入水中。

在入水的过程中，身体姿态逐渐从直立转变成斜立，直至身体斜趴在池底。

自由手也可以同时向上划水给身体提供额外的下潜助力。

俯卧池底时，双腿分开有助于保持身体姿态稳定。

（三）不同入水的实际应用

鸭式下水可以借助踢蹼快速到达池底并具有一定的冲击力，在视野和空间开阔时是非常高效的入水方式；但是鸭式下水后会发生身体的位移，在有限的空间内，使用鸭式下水就并非最佳选择。对于初学者，蛙式下水相对较难掌握，但却是水曲运动技术进阶的必要途径之一。特别是在水曲比赛快速进行中，又或空间狭小的情况下，利用蛙式下水占住现有的水下有利位置，显得尤为重要。

（四）连续上下水

使用鸭式下水到达池底后快速上升至水面，经过短暂的换气之后再次使用鸭式下水到达池底，如此反复的运动过程被称为：连续上下水。无论是作为热身动作还是对抗实战，连续上下水都是水曲比赛必备的基础技术动作。为了快速并高效地往返于水面和池底，运动员在完成连续上下水时，需要注意下以下三点。

在水面游动时，可以通过自由手划水增加游速；并通过划水时自由手入水动作的惯性带动身体开始鸭式下水。

在到达池底时，可以通过自由手推池底的推力帮助运动员快速上升至水面。

在完成连续上下水时，踢蹼方式可以是自由泳腿、蝶泳腿或混合方式，运动员应根据个人习惯偏好选择。

另外，关于替补运动员和被罚时运动员返场的入水方式，详见 CMAS 水曲比赛规则。

六、带球

（一）手持球棍的姿势

水曲运动员首先要养成拿球棍前必戴手套的习惯。手持球棍时，手握球棍把手，球棍内侧（球勾的一侧）朝向大拇指方向；大拇指伸出，放在球棍内侧，其他四指环握球棍。

（二）带球的具体方法

第一，运动员先潜到水底，下半身保持与池底平行的位置，便于踢蹼。

第二，上半身和头部需要微微抬起，成小角度俯卧（类似于眼镜蛇形态），以确保前方视野。

第三，持球棍的手臂向前伸直并微微弯曲，自由手与持球棍的手同时置于前方或放在后方靠身体一侧均可。

第四，用球棍正面推着水曲球并踢蹼向前游动，就可以带球移动了。

第五，将水曲球置于球棍与食指之间的夹角处，可以达到更好的带球稳定性。

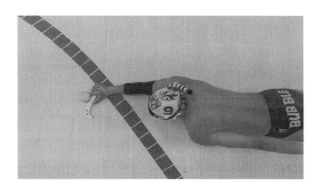

（三）球棍的触球区域

根据 CMAS 水曲比赛规则，球棍的触球区域是未被运动员手套所包裹的区域，但不包括球棍从掌跟突出的部分。另外，拇指尖和食指靠在球棍正面一侧的区域也属于触球区域。

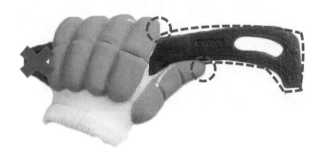

（四）关于高速带球

水曲运动员经常会遇到带球加速或带球冲刺时发生"跳球"（即池底不平整、水曲球边沿角度和球棍斜面角度等综合因素导致在带球时，水曲球发生轻微弹跳甚至翻滚到球棍内侧的情况）。跳球在高速带球时很难避免，特别是采用蝶泳腿方式踢蹼带球的时候。为了减少甚至避免跳球，可以采取以下两种方式带球。

第一种是带球时，将球棍上面微微地向前翻动，增加球棍正面与水曲球的接触面，以减少跳球。

第二种是带球时，将球棍微微地上移，将球棍与水曲球的接触面由水曲球的下半部变成上半部。这样带球时，球棍会对水曲球产生向下的压力，减少跳球。

针对初学者，不建议采用以上第二种带球方式。因为初学者控球还不熟练，球棍与水曲球的接触面过高容易发生"漏球"（即带球时，水曲球从球棍下方滑落，导致运动员将球带丢）。初学者应尽可能手持球棍贴在池底带球。

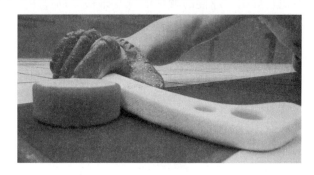

七、刷球

刷球是水曲比赛中非常实用的技术动作之一。水曲比赛中，运动员双方都会遇到正面、侧面的进攻或防守，此时，刷球是极为简单有效的应对策略，既可攻也可守。以下讲解均以右手持棍的运动员为例。

（一）进攻时刷球作为过人技术

在带球进攻时，面对对方正面的防守，刷球过人的具体方法如下。

进攻方运动员向前带球，在对方球棍接触到水曲球的瞬间，持球棍进行向右侧的横向发力，利用摩擦力将球拨离对方球棍。

此刻，水曲球会高速旋转，并沿着球棍发力的方向旋转移动到带球运动员的右前侧，也就是防守方的左侧。

此时，带球进攻的运动员可以利用水曲球的突然位移和防守方反手的劣势，快速带球突破。

（二）防守时刷球作为拦截技术

在防守时，面对对方正面进攻，刷球拦截的具体方法如下。

待进攻方继续向前带球，在防守方运动员可触球范围内，迅速出棍拦截，在球棍接触到水曲球的瞬间，使用球棍进行向右侧的横向发力，利用摩擦力将球拨离进攻方球棍。

此刻，水曲球会高速旋转，并沿着球棍发力的方向旋转移动到进攻方的左侧，也就是防守方运动员的右前侧。

此时，防守方运动员可以利用水曲球的突然位移和进攻方反手的劣势，快速拦截下水曲球并获得控球。

（三）刷球注意事项

刷球的要领在于够快、够准，并且需要在获得控球后尽快游走，避免对方反抢。刷球时，身体姿态应尽可能以"眼镜蛇形态"贴底，有利于手持球棍进行横向发力。同时，刷球技术掌握娴熟还可以避免对抗中正面撞击带来的肢体损伤。

八、转身

转身是水曲比赛中非常实用的技术动作之一。对于初学者来说，转身主要是用于防守，利用身体将球护住以免被对方抢走；对于进阶运动员，转身不仅用于防守，更可以配合其他技术动作用于突破防线，发起进攻。常见的转身动作是左转身和右转身两种。以下讲解均以右手持棍的运动员为例。

（一）左转身

对于右手持棍的运动员来说，左转身相对简单，具体方法如下。

在向前带球时，快速抬起球棍，将本来置于球棍正面的水曲球置于球棍内侧。

手臂向左发力（手臂应保持伸直微微弯曲的状态），利用球棍内侧使球向左移动。

随着手臂向左发力的同时，转动肩膀，让本来平行于池底的肩膀侧转，左肩向上，右肩向下。转身后，整个身体侧对着水曲球，侧身与池底成90°。

重心压在右肩，确保手臂和上半身贴在池底。

在整个转身的过程中，始终保持踢蹼以控制游动方向和保持身体贴在池底。

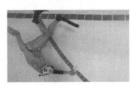

（二）右转身

右手持棍的运动员做右转身会稍难一点，具体方法如下。

在向前带球时，快速抬起球棍，将本来置于球棍正面的水曲球置于球棍内侧。

手臂弯曲向右发力，利用球棍内侧和球勾将球向右移动。

随着手臂向右发力的同时，转动肩膀，让本来平行于池底的肩膀侧转，右肩向上，左肩向下。

（三）完成转身

转身后，整个身体侧对着水曲球。与左转身侧身（与池底成90°）不同的是，右转身时身体更像是侧爬在池底。

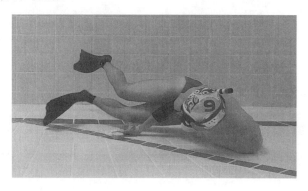

重心压在左肩，确保上半身贴在池底。

在整个转身的过程中，始终保持踢蹼以控制游动方向和保持身体贴在池底。

在此必须要强调的是：转身的重点是一定要贴底，利用身体和手臂（像池底的一堵墙）保护水曲球。运动员转身时会导致带球回游，并失去前方视野，如果转身不贴底，水曲球极其容易被对方拦截。那时，转身动作将是毫无意义的。为了确保在转身时让身体足够贴底，应谨记转身的三个动作要领：手臂发力转向、转肩压低重心、踢蹼保持贴底。还需要注意的是，在完成转身动作时，是运动员带着水曲球转向游动，而不是水曲球原地不动，运动员绕着水曲球的转向游动，特别是在完成右转身时。另外，针对初学者，建议在左转身时将自由手自然地置于身体侧方，若是右转身则将自由手置于身体侧后方，手掌贴在臀部，避免自由手干扰转身动作的完成。

（四）避让转身

应特别注意的是，运动员如果在遇到对方做转身动作时，应及时做出"抬手、避让"的保护动作。因为做转身动作的运动员会失去原有的前方视野，转身的过程中身体姿态是由头朝对方变成脚蹼朝向对方。在没有视野的情况下持续做出踢蹼动作，有可能造成对防守队员的碰撞（不属于犯规）。因此，在防守对方转身的运动员时应及时采取防护措施，具体方法如下。

快速抬起自由手置于头部前方（和头部保持一定的距离并保持原有视野），以避免对方脚蹼踢到自己头部。

然后，自由手和头部同时向后仰，以避开对方的踢蹼。切勿在对方转身时贸然跟进或在转身踢蹼范围内做上水动作。

2018年世界杯女子
决赛视频赏析

第五节　视频赏析

第六节　游泳基础体能训练

一、动作名称：鸟狗式

功能：抗旋转。

二、动作步骤

鸟狗式动作步骤如下：

先以四足跪姿准备；

动作全程保持脊柱中立，保持骨盆水平，不能产生旋转，手脚同时向上抬起，不在意手脚抬的高度与速度，重点放在控制稳定，刚开始训练由单抬手或单抬脚开始，再练习手脚同步动作；

缓慢回到准备姿势，换另一侧，重复以上动作。

三、动作要点

鸟狗式运动要点包括：四足跪姿手触碰地面；手脚同时向上抬起；身体不能产生旋转。

四、练习次数

以上为一个完整动作，男女生各三组，30 次/组，每侧 15 次/组。

【章节练习】

考试题型：分为单选题 1 道、多选题 3 道、判断题 5 道。

一、单选题

水曲运动源于哪个国家？（　　　）

A. 德国　　　　　B. 法国　　　　　C. 俄罗斯　　　　　D. 英国

二、多选题

1. 水曲这种集体球类运动结合了哪些运动的技术特点？（　　　）

A. 游泳　　　　　B. 蹼泳　　　　　C. 冰球　　　　　D. 潜泳

2. 水曲运动的比赛装备有哪些？（　　　）

A. 球帽
B. 呼吸管

C. 面镜
D. 护嘴或运动专用牙套

E. 水曲专用手套
F. 球棍

G. 脚蹼

3. 水曲运动的裁判分为（　　　）。

A. 陆裁
B. 边裁
C. 水裁

三、判断题

1. 水曲虽然未被列为奥运会正式比赛项目，但是 1980 年在加拿大举办了第一水曲世界杯之后，两年一届的水曲世界杯延续至今。（　　）

2. 在中国，自 2015 年开始，每年都有举办一次水曲中国杯比赛。目前在成都、重庆、苏州、厦门等城市还开展有业余的青少年水曲项目。（　　）

3. 水曲比赛用球是直径为 74～84mm，高 28～34mm 的实心铅球，重量为 1.1～1.5kg。（　　）

4. 水曲比赛分上、下半场进行，每半场 15min，中场休息 3min 并交换场地，一场比赛时间共计 33min。比赛途中，出现死球时时间不会暂停。（　　）

5. 水曲运动装备中，面镜必须是双镜片的，镜片必须是塑料或其他非玻璃的安全材料制成。（　　）

第十七章　游泳营养补充

【章节导入】

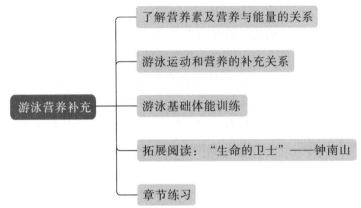

- 了解营养素及营养与能量的关系
- 游泳运动和营养的补充关系
- 游泳营养补充
- 游泳基础体能训练
- 拓展阅读："生命的卫士"——钟南山
- 章节练习

【学习目标】

1. 通过教学使学生了解营养素及营养与能量的知识。

2. 通过教学使学生了解游泳运动和营养的补充关系，学会如何去补充营养。

3. 通过教学使学生体会在游泳运动中补充营养的原则并学会灵活运用。

了解营养素及营养
与能量的关系

第一节　了解营养素及营养与能量的关系

一、营养素的种类

营养素是指食物中可给人体提供能量、构成机体、组织修复和具有生理调节功能的化学成分。凡是能维持人体健康以及供给人体生长、发育和劳动所需要的各种物质均称为营养素。人体所必需的营养素有蛋白质、脂肪、碳水化合物、维生素、水、无机盐

（矿物质）和膳食纤维（纤维素）7类。除此之外，还包括许多非必要营养素。

其中，碳水化合物、脂肪和蛋白质在食品中存在的量较大，日常摄入较多，被称为宏量营养素或常量营养素，而维生素和矿物质在平衡膳食中仅需少量，被称为微量营养素。它们不能在体内合成，必须从食物中获得，故被称为"必需营养素"；另一部分营养素可以在体内由其他食物成分转换生成，不一定需要从食物中直接获得，故被称为"非必需营养素"。其中三大宏量营养素也被称为三大功能营养素，包括蛋白质、碳水化合物和脂肪，每克分别可以供能4千卡、4千卡和9千卡。

蛋白质是维持生命不可缺少的物质。人体组织、器官都是由细胞构成的，而细胞结构的主要成分是蛋白质。机体的生长、组织的修复、各种酶和激素对体内生化反应的调节、抵御疾病的抗体的组成、维持渗透压和传递遗传信息，无一不是蛋白质在起作用。婴幼儿生长迅速，所以蛋白质需求量高于成人，平均每天每公斤体重需要2g以上蛋白质摄入量。含丰富优质蛋白质的肉、蛋、奶和豆类，是每日必须提供给婴幼儿的食物。

碳水化合物是为生命活动提供能源的主要营养素，它广泛存在于米、面、薯类、豆类和各种杂粮中，这些也是人类最重要、最经济的食物。这类食物每日提供的热量应占总量的60%左右。任何碳水化合物到体内再经生化反应最终均会分解为糖，因此亦称为糖类。除供能外，它还可以促进其他营养素的代谢，与蛋白质和脂肪结合成糖蛋白和糖脂，组成抗体、酶、激素、细胞膜、神经组织和核糖核酸等具有重要功能的物质。这类食物的重要性不言而喻，但需提醒大家的是，不要过多地食用过于精细的糖类食物，比如蛋糕、点心等，这些过于容易被吸收的糖也会转化为脂肪储存在体内，对健康和运动能力产生影响。

脂类是储存和供给能量的主要营养素。每克脂肪所提供的热量为同等重量碳水化合物或蛋白质的2倍。机体细胞膜、神经组织和激素的构成均离不开它。脂肪的功能包括保暖隔热；支持保护内脏、关节、各种组织；促进脂溶性维生素的吸收。动物和植物来源的脂肪均为人体之必需，应搭配提供。每日脂肪供热量应占总量的20%～25%，比如植物油、橄榄油。

二、运动与能量消耗

能量代谢的研究可以说开始于16世纪，而直到19世纪末前后，各国科学家才陆续发现代谢率与人体表面积成正比，一并发现了食物的特殊动力作用，证实能量守恒定律也适用于人体，并编制出食物热量表以及能量转换系数，人类的自身能量研究才开始上升到一个全新的阶段。

通常每克碳水化合物、脂肪、蛋白质在人体内平均可产生代谢能力分别为4千卡、9千卡、4千卡。

在人体细胞中线粒体的呼吸作用下，它们会消耗有机物和氧气，产生二氧化碳和水，然后释放能量。释放出的能量主要是热能。热能可以用于保持体温等，而人体（及动物）各项生命活动所需要的能量来自腺嘌呤核苷三磷酸，简称三磷酸腺苷，又称

"ATP"。

一般来说，成人每天至少需要 1500 千卡的能量来维持身体机能，这是因为即使你躺着不动，你的身体仍需能量来保持体温、心肺功能和大脑运作。基础代谢消耗会因个体间身高、体重、年龄和性别的差异而有所不同。人类生存需要能量，需要从食物中获取能量。

我们的机体通过代谢作用"燃烧"食物中的卡路里，代谢作用通过酶将碳水化合物分解为葡萄糖和其他糖类，将脂肪分解为甘油和脂肪酸，将蛋白质分解为氨基酸。然后，这些分子通过血流被转运到细胞中，它们在那里可被立即吸收利用，也可进入最终代谢阶段，与氧进行反应，释放其存储的能量。

三大能量系统包括磷酸原系统、乳酸能系统和有氧氧化系统。其具体特点如下。

（一）磷酸原系统

ATP 和磷酸肌酸组成的供能系统。ATP 以最大功率输出供能可维持约 2s；磷酸肌酸以最大功率输出供能可维持约为 ATP 的 3～5 倍。剧烈运动时，磷酸肌酸含量迅速下降，但 ATP 变化不大。该系统的特点是供能总量少；持续时间短；功率输出最快；不需要氧气；不产生乳酸等物质。游泳跳出发、短跑和举重都只能依靠此系统。

（二）乳酸能系统

乳酸能系统是指糖原或葡萄糖在细胞质内无氧分解生成乳酸的过程中，再合成 ATP 的能量系统，供能持续时间为 30s 左右。由于它的最终产物是乳酸，故称乳酸能系统。其特点是供能总量较磷酸原系统多，输出功率次之；不需要氧；产生乳酸。

由于该系统产生乳酸，并使之扩散进入血液，所以血乳酸水平是衡量乳酸能系统供能能力最常用的指标。乳酸是一种强酸，在体内聚积过多以至于超过了机体缓冲及耐受能力时，会破坏机体内环境酸碱度的稳态，进而又会限制糖的无氧酵解，直接影响ATP 的再合成，导致身体疲劳。

该系统是 1min 以内要求高功率输出运动的供能基础，如 400m 跑、100m 游泳等。专门的无氧训练可有效提高该系统的供能能力。

（三）有氧氧化系统

有氧氧化系统是指糖、脂肪和蛋白质在细胞内彻底氧化成水和二氧化碳的过程中，再合成 ATP 的能量系统。从理论上分析，体内贮存的有氧氧化燃料（特别是脂肪）是不会耗尽的，故该系统供能的最大容量可认为无限大。

其特点是 ATP 生成总量很大，但速率很慢；需要氧的参与；不产生乳酸类的副产品。它为长时间耐力活动提供物质基础，如 3000m 跑、1500m 游泳等。

第二节　游泳运动和营养的补充关系

一、游泳运动能量代谢特点

游泳分为短、中、长三种距离，不同距离专案的供能特征如下：

短距离项目（50m 和 100m）主要是磷酸源及糖酵解供能；

中距离项目（200m 和 400m）主要是糖酵解、无氧和有氧代谢系统混合供能；

长距离项目（800m 和 1500m）主要是有氧代谢及糖酵解系统供能。

游泳运动员的体脂百分比并不是很低，男运动员为 8%～15%，而女运动员为 15%～22%。这是因为游泳运动员在水中游泳属于冷暴露，可以刺激脂肪的贮存。

中国游泳运动员每日能量摄入的推荐值是 3700～4700 千卡（平均 4200 千卡）（短距离）和 4700 千卡及以上（长距离）。

但是部分运动员膳食摄入的能量仍不能满足消耗。长期能量不足加上膳食摄入的碳水化合物比例低会引起慢性肌肉疲劳，应注意监测和预防。

二、游泳运动与营养补充

（一）总的营养原则

（1）摄入复合碳水化合物，占每天总能量供给的 55%～65%。

（2）尽量少吃简单的糖（葡萄糖、果糖等），如果需要请在正餐的时候摄入。

（3）蛋白质的摄入占一天总热能摄入的 15%～20%。

（4）脂肪摄入的供能比例应为 15%～20%。

（5）喝足够的水，推荐每天喝 6～8 杯水以达到补充运动中丢失的液体的目的。

（6）摄入的能量应该能够维持理想的体重。

（7）多样化的平衡膳食

（二）糖的主要作用

（1）糖是机体最直接和最主要的能量来源。

（2）机体使用糖以保证心脏、大脑和肌肉工作。

（3）糖以"糖原"形式储存在肌肉和肝脏中。运动中身体燃烧糖原，并释放葡萄糖供给肌肉摄取获得能量。

（4）运动中糖原储备不足时，会产生眩晕、恶心、饥饿、反应迟钝、肌肉酸痛和疲劳动作缓慢等症状。

（5）机体发出分解肌肉释放葡萄糖的信号导致。

（三）游泳运动员的补糖原则

每天至少按 8g/kg 体重的标准摄入糖。例如：一个 60kg 体重的运动员每天至少需要摄入 480g 碳水化合物。

另外，脂肪可以减少自身在水中的阻力，并且有助于保持体温，保护内脏器官等。因此，游泳运动员的体脂含量应该适宜，可以比跑步运动员稍高一些，但不宜太高。游泳运动员的训练主要在水里进行，通常池水温度（22℃～28 ℃）远低于身体温度，这会导致运动员热量散失过快，能量消耗较大。同时，由于低于环境温度的水温会刺激食欲，摄入的能量较高。

同时应尽量保障足量的蛋白质摄入，优质蛋白也就是动物蛋白占比三分之一以上，补充充足的人体必需氨基酸，会加速游泳运动后的恢复。

第三节　游泳基础体能训练

一、动作名称：仰卧－双肘单脚撑

功能：增强核心力量。

二、动作步骤

此动作步骤如下：

仰卧双脚和双肘支撑，腹部收紧，腹部与大腿呈一条直线，肘部在肩部的正下方，前臂与地面贴紧，屈肘呈 90°夹角，双腿伸直，脚跟着地，脚尖勾起；

将一腿抬离地面，保持重心在身体中线，身体不要侧倾，保持该动作 30s。

换另一条腿，重复以上动作。

三、动作要点

此动作有两个要点：双脚双肘支撑，腹部收紧；将一腿抬离地面，并保持身体不侧倾。

四、练习次数

以上为一个完整动作，男女生各三组，左右腿各 15s/组。

拓展阅读 "生命的卫士"——钟南山

钟南山是一位真实、普通、甚至是平凡的中国医生。他和所有有责任感的医生一样，几十年如一日，每周坚持出门诊看病人。他说，这已经是一个习惯了。从非典到新冠疫情，钟南山一直站在抗疫一线，成为公共卫生事件应急体系建设的推动者，促成了国家多项政策法规的制定，更成为突发公共卫生事件的代言人，成为稳定民心的科学家代表。

1984 年，钟南山被授予"中国首批国家级有突出贡献专家"的称号。1996 年 5 月，他当选为中国工程院院士。2003 年 6 月 19 日，钟南山因在抗非战斗中的卓越表现，被广东省委、省政府授予唯一一项特等功。2004 年，他被评为"感动中国 2003 年度"十大人物之一。2004 年 4 月 8 日，钟南山被授予中国国内卫生系统的最高荣誉——白求恩奖章。2019 年 9 月 25 日，钟南山被评选为"最美奋斗者"。

【章节练习】

考试题型：分为单选题 3 道、多选题 2 道、判断题 5 道、讨论题 1 道。

一、单选题

1. 细胞结构的主要成分是什么？（ ）
   A. 红细胞 　　　B. 蛋白质 　　　C. 白细胞
2. 人体细胞中线粒体的呼吸一下，主要释放的能量是什么？（ ）
   A. 热能 　　　B. 水 　　　C. 氧气
3. 短距离游泳项目主要靠什么供能？（ ）
   A. 磷酸原以及糖酵解供能 　　　B. 氧气供能 　　C. 水分供能

二、多选题

1. 营养素的种类有哪些？（ ）
   A. 碳水化合物 　　B. 蛋白质 　　C. 脂肪
2. 游泳有哪些距离的项目？（ ）
   A. 短距离项目 　　B. 中距离项目 　　C. 长距离项目

三、判断题

1. 人体所需的营养素有蛋白质、脂肪、碳水化合物、维生素、水、无机盐（矿物质）、膳食纤维 7 类，还包含许多非必需营养素。　　　　　　　　　（　　）

2. 三大能量系统包括三磷酸腺苷 ATP 系统、乳酸能系统和有氧氧化系统。

（　　）

3. ATP 以最大功率输出供能可维持 10s。　　　　　　　　　　　（　　）

4. 短距离游泳项目距离为 50m 和 100m。　　　　　　　　　　　（　　）

5. 成人每天至少需要 1500 千卡的能量来维持身体机能。　　　　　（　　）

四、讨论题

有氧氧化系统指的是什么？

第十八章 大众游泳功能性介绍

【章节导入】

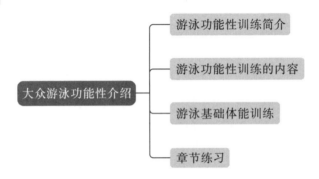

【学习目标】

1. 通过教学使学生了解什么是功能性训练和游泳功能性训练的价值（作用）；

2. 通过教学使学生学习到功能性训练的内容，并能做出相应的练习动作；

3. 通过教学使学生通过功能性训练提高身体素质。

游泳功能性
训练简介

第一节 游泳功能性训练简介

　　游泳是人凭借自身肢体动作在水中活动的一种技能。大众游泳是以游泳动作为基本手段，以增进身心健康、丰富业余生活为直接目的的各种游泳活动。

　　以往游泳体能练习主要是按照苏联和德国身体素质练习的方法进行训练的。但随着科技进步与社会发展，人们越来越认识到以往的各种方法已经不能适应现在的需要，甚至其中有些内容都是错误的。在20世纪初的美国康复治疗领域，为了帮助受伤运动员尽快重返赛场，恢复原有的竞技水平，同时避免运动损伤的再次发生，物理治疗师在伤者的康复练习中融入了相关身体姿势纠正和身体功能重建的动作练习，之后这种训练思维向大众和竞技体育渗透，形成了新的训练体系。在职业和大众体育蓬勃发展的背景下，对人的伤病预防、康复和保持竞技状态等需要日益增加，功能训练得到迅速发展。多学科的相互融合使得功能性训练被认为是根据人体功能情况及运动项目需求来重建动作模式从而提升运动能力的一种训练方法，而游泳恰恰十分讲究训练的功能性。

因为，游泳运动是最能体现躯干核心发力、核心稳定以及动力链运动的一个项目，所以加强游泳功能性训练知识的普及对大众游泳的开展有十分重要的作用。

目前，社会大众对功能性训练的认识程度还处于较低的水平。在大众游泳方面，体现为许多泳者在水中游泳时身体东倒西歪，不受自己的意识控制，不能有效控制自己的身体，发力也成为一种肢体的末端主动发力，没有体会到躯干（核心）部位的主动作用。所以强调训练控制下的多维性和动态性，强调有效的功率输出，避免不必要的动作代偿才是大众游泳教学需要注意的重点。

我们应通过功能性动作筛查，发现身体弱链，纠正身体的不对称、不平衡，围绕支柱力量、核心稳定、关节灵活性等要素来提高整个身体动力链的能量传输效果，通过优化动作模式使动作更加有效、经济和稳定。

游泳运动性
训练的内容

第二节　游泳功能性训练的内容

根据大众游泳场地器材的实际情况，本次内容主要分为三个步骤：身体核心区激活（躯干支柱力量激活）、动作整合与快速伸缩复合训练和神经系统激活。

一、身体核心区激活

身体核心区激活所涉及的部位：肩部、脊柱腰段、骨盆及髋关节肌群。作用是控制骨盆以上躯干和腿部的姿态和运动，让动力链末端产生最佳的转动、力与运动控制。具体分为三个部分：髋部、腰部和肩部。

（一）髋部

星形漂移；

跪撑髋后伸；

跪撑髋外展；

侧卧位曲腿外展；

站立髋外展；

站立髋后伸。

（二）腰部

（1）前链动作如下：

腹横肌激活仰卧异侧手腿交替后伸（死虫子式）；

腹横肌激活仰卧双腿上下交替摆动；

腹横肌激活仰卧双腿直腿屈髋90°；

跪撑对侧上下肢伸展回收（鸟狗式）；

跪撑对侧上下肢伸展回收（进阶：双膝离地）；

八级腹桥。

（2）后链动作如下：

臀肌桥双脚支撑；

臀肌桥单腿直腿；

臀肌桥军弓步。

（3）侧链动作如下：

单肘支撑侧桥；

侧平板直腿外展。

（4）转动链动作：直腿髋部扭转。

（三）肩部

俯卧——"I/Y/T/W/L"形；

运动姿——"I/Y/T/W/L"形；

运动姿转肩；

平板支撑手触对侧肩。

二、动作整合与快速伸缩复合训练

动作整合强调在身体整体动力链的参与下，建立起在神经支配下各运动系统之间的联系，使身体各环节有序地组合运动，从而强化正确的动作模式。

（一）动作整合

抱膝走；

摇篮抱腿走；

手足爬行；

跪步转体；

后交叉弓步；

脚后跟抵臀单臂上举燕式平衡；

侧弓步移动；

相扑式拉伸；

双臂上举弓步还原；

最伟大拉伸。

（二）快速伸缩复合训练

蹲跳；

单脚蹲跳；

双脚交换跳。

三、神经系统激活

双臂上举高抬腿；原地 6cm 快速碎步。

第三节　游泳基础体能训练

一、动作名称：跪撑－髋外展

功能：激活臀部。

二、动作步骤

此动作步骤如下：

双肘伸直且双膝跪于地面，腹部收紧，双臂推起躯干保持双膝屈膝；

保持躯干不动，侧向慢慢抬起左腿；

回到起始姿势，10 次后交换右腿，重复以上动作。

三、动作要点

此动作要点包括：保持躯干不动；尽量将腿抬高；背部不出现弓形。

四、练习次数

以上为一个完整动作，男女生各两组，20 次/组，左右腿各 10 次/组。

【章节练习】

考试题型：分为单选题 14 道、多选题 3 道、判断题 4 道、讨论题 1 道。
一、单选题
1. 髋部关节在（　　）
　　A. 腰部以下　　　　B. 大腿根附近　　C. 臀大肌　　　　D. 臀小肌
2. 站姿髋外展属于（　　）

    A. 外展动作   B. 内收动作   C. 超伸展动作   D. 旋转动作

3. 站姿髋后伸属于（　　　）

    A. 外展动作   B. 内收动作   C. 超伸展动作   D. 旋转动作

4. 腹肌不属于以下（　　　）

    A. 腹直肌   B. 腹外斜肌   C. 腹侧肌   D. 腹内斜肌

5. 臀肌桥双脚支撑主要锻炼（　　　）

    A. 前链   B. 后链   C. 侧链   D. 转动链

6. 臀肌桥单腿直腿主要锻炼（　　　）

    A. 前链   B. 后链   C. 侧链   D. 转动链

7. 跪撑对侧上下肢伸展回收主要锻炼（　　　）

    A. 前链   B. 后链   C. 侧链   D. 转动链

8. 侧卧双腿上下交替摆动主要锻炼（　　　）

    A. 腹横肌   B. 腹直肌   C. 腹外斜肌   D. 腹内斜肌

9. 肩部不属于（　　　）

    A. 三角肌区   B. 肩胛区   C. 肌腱袖   D. 胸大肌

10. 下列哪一项不是锻炼肩部的动作？（　　　）

    A. 侧平举   B. 臀翘   C. 侧平举   D. 推举

11. 侧平举锻炼肩的（　　　）

    A. 后束   B. 前束   C. 中束   D. 肩胛提肌

12. 最伟大拉伸一共分为几个动作步骤？（　　　）

    A. 五个   B. 七个   C. 八个   D. 九个

13. 以下几个动作哪些属于快速伸缩复合练习？（　　　）

    A. 臀桥   B. 手足爬行

    C. 高抬腿跑   D. 罗马尼亚硬拉

14. 关于蹲跳这一训练动作，以下哪个说法是正确的？（　　　）

    A. 下蹲时可以弓背或塌腰

    B. 屈膝下蹲时膝关节呈 90°到 135°

    C. 膝关节可以内扣

    D. 连续蹲跳不需要爆发力

二、多选题

1. 抱膝走的作用有（　　　）

    A. 提高腰部和臀部屈肌功能性运动幅度

    B. 提高动态平衡能力

    C. 提高体态控制能力

    D. 增加髋关节的外旋功能

2. 相扑式拉伸的拉伸部位有（　　）

    A. 大腿后侧腘绳肌　　　　　　　　B. 股四头肌

    C. 肱三头肌　　　　　　　　　　　D. 腹股沟韧带

3. 单脚蹲跳的练习目的有（　　）

    A. 发展下肢整体爆发力　　　　　　B. 提高连续超等长收缩能力

    C. 提高等张收缩能力　　　　　　　D. 提高动态平衡能力

三、判断题

1. 在练习"后交叉弓步"这一训练动作时，支撑脚脚尖应朝向正前方，不能内扣或者外八。　　　　　　　　　　　　　　　　　　　　　　　　（　　）

2. 手足爬行的训练目的在于增强手臂与核心力量。　　　　　　　（　　）

3. 蹲跳落地时应重心前移，将重心放在膝盖上。　　　　　　　　（　　）

4. 快速伸缩复合练习可以提升运动员的爆发力、速度、力量。　（　　）

四、讨论题

大家讨论一下最伟大拉伸练习到的目标肌群有哪些？

期末考试

考试题型：分为单选题 30 道、多选题 10 道、判断题 10 道

考试时间：100 分钟

考试分值：单选题 60 分、多选题 20 分、判断题 20 分

考试要求：独立认真完成

一、单选题 30 道

1. 运动员和爱好者们长时间进行游泳训练的时候佩戴的泳镜可以选择（　　）。
   A. 竞技型　　　　B. 训练型　　　　C. 舒适型　　　　D. 特殊需求泳镜

2. 游泳爱好者应该选择什么泳衣？（　　）
   A. 竞技泳衣　　　B. 训练泳衣　　　C. 休闲泳衣　　　C. 儿童泳衣

3. 在什么情况下应该戴泳帽？（　　）
   A. 在比赛时　　　　　　　　　　B. 在公共泳池游泳时
   C. 在上课时　　　　　　　　　　D. 以上都应该戴泳帽

4. 蛙式长划臂蛙泳腿和臂配合动作（　　）
   A. 收腿与臂前伸的动作几乎同时开始　B. 先收腿然后臂前伸
   C. 臂前伸然后收腿　　　　　　　　　D. 臂前伸滑行后收

5. 反蛙泳配合动作，两臂前移的同时（　　）。
   A. 边收边分慢收腿　　　　　　　B. 先收后分慢收腿
   C. 边收边分快收腿　　　　　　　D. 先收后分快收腿

6. 水曲运动源于哪个国家？（　　）
   A. 德国　　　　　　B. 法国　　　　　C. 俄罗斯　　　　D. 英国

7. 以下哪种器材禁止佩戴比赛？（　　）
   A. 泳帽　　　　　　B. 手蹼　　　　　C. 耳塞　　　　　D. 泳镜

8. 在拖带过程中，应时刻注意溺者的（　　）不可没在水下。
   A. 鼻　　　　　　　B. 口　　　　　　C. 口、鼻　　　　D. 头颈部

9. 救生员在施救时颈部被溺水者抱持时应用（　　）法解脱。
   A. 反（扭）关节　B. 推击　　　　　C. 夹鼻推颌　　　D. 转腕

10. 花样游泳 1920 年起源于（　　），创始人柯蒂斯将跳水和体操翻滚编排成套动作，逐渐配上舞蹈、音乐和节奏。

    A. 欧洲   B. 亚洲   C. 非洲   D. 北美洲

11. 是谁创办了历史上第一个婴儿游泳基地？（　　）

    A. 托尼   B. 勒布朗·詹姆斯

    C. 孙杨   D. 罗伯特夫妇

12. 一般国内是在婴幼儿多大的时候就可以参加亲子游泳的课程？（　　）

    A. 3 个月以上   B. 3 个月以下   C. 2 个月以上   D. 4 个月以上

13. 仰泳的知识，下列说法正确的是（　　）

    A. 仰泳时，身体呈仰泳姿势踢腿成"坐沙发"姿势

    B. 仰泳时踢腿时是勾脚踢腿

    C. 仰泳踢腿时，头部与身体是一条直线

    D. 仰泳时，一手前伸，另一只手可以随意摆放位置

14. 蛙泳腿进入推进阶段时，双腿完全伸直，将水向后推，在推水的最后双脚做（　　）运动。

    A. 圆周   B. 平行   C. 曲线

15. 蛙泳腿推水过程时的力量是（　　）。

    A. 向后   B. 向外   C. 向下

16. 仰泳划水过程中，手在向后划的同时向上划动，使屈肘的程度逐渐加大。当手臂划至肩下与水平面垂直时，身体转动幅度达到最大，约为 45°。肘关节弯曲度也达到最大，约为（　　）。

    A. 80°～90°   B. 120°～130°   C. 90°～120°   D. 100°～120°

17. 在学习仰泳的过程中，手臂的正确姿势是（　　）

    A. 单手垂直于水面上举，掌心向外

    B. 一手前伸，另一手于水面上举手臂弯曲

    C. 双手垂直于水面上举，掌心向外

    D. 单手垂直于水面上举，掌心向内

18. 仰泳上下打腿的幅度约为（　　）

    A. 5～10cm   B. 10～20cm   C. 20～30cm   D. 30～40cm

19. 下列哪个不属于仰泳动作部分？（　　）

    A. 入水   B. 划水   C. 爆水   D. 出水

20. 仰泳单手推水至体侧时手臂应（　　）。

    A. 弯曲   B. 抬高   C. 伸直   D. 抱水

21. 下例关于仰泳的叙述，正确的一项是（　　）

    A. 仰泳划手时，五指并拢，小拇指最后出水

    B. 仰泳时，应该禁闭嘴巴，以免水进入嘴巴里面

C. 仰泳做出水动作时，对身体仰卧姿势踢腿无需控制

D. 仰泳时，需要保持连贯的踢腿动作

22. 自由泳 6 步教法不包括以下（　　　）。

    A. 俯卧流线型打腿   B. 单手抓水＋侧头呼吸

    C. 单手抱水＋抬头呼吸   D. 单手置体侧＋侧头呼吸

23. 中国第一块尾波金牌获得者是（　　　）。

    A. 陈莉莉   B. 孙杨   C. 高晓进

24. 细胞结构的主要成分是什么？（　　）

    A. 红细胞   B. 蛋白质   C. 白细胞

25. 在人体细胞中线粒体的呼吸做一下，主要释放的能量是什么？（　　　）

    A. 热能   B. 水   C. 氧气

26. 短距离游泳项目主要靠什么供能？（　　　）

    A. 磷酸原以及糖酵解供能   B. 氧气供能

    C. 水分供能

27. 髋部关节在（　　　）。

    A. 腰部以下   B. 大腿根附近   C. 臀大肌   D. 臀小肌

28. 站姿髋外展属于（　　　）。

    A. 外展动作   B. 内收动作   C. 超伸展动作   D. 旋转动作

29. 站姿髋后伸属于（　　　）。

    A. 外展动作   B. 内收动作   C. 超伸展动作   D. 旋转动作

30. 腹肌不属于以下（　　　）。

    A. 腹直肌   B. 腹外斜肌   C. 腹侧肌   D. 腹内斜肌

二、多选题

1. 游泳时泳镜里总是起雾看不清怎么办？（　　　）

    A. 使用专业的防雾喷剂   B. 用唾液进行擦拭

    C. 事先用鸡蛋清擦拭   D. 用沐浴露或洗发液擦拭

2. 胶质泳帽的优点有哪些？（　　　）

    A. 防水   B. 贴合头部   C. 弹性大   D. 阻力小

3. 入水正确姿势是（　　　）

    A. 双臂夹耳后保持直臂伸展姿势

    B. 注意双腿同时用力蹬池壁并保持身体流线型

    C. 保持低头收下颚入手

    D. 上体由伸展逐步屈体前倒，依次入水的顺序

4. 以下入水动作错误的有（　　　）

    A. 入水双手弯曲   B. 出发时未低头

C. 入水时双腿弯曲　　　　　　　　D. 身体呈流线型入水

5. 水曲这种集体球类运动结合了哪些运动的技术特点？（　　）

　　A. 游泳　　　　　B. 蹼泳　　　　　C. 冰球　　　　　D. 潜泳

6. 幼儿游泳的好处，以下正确的有（　　）

　　A. 可以提高呼吸系统的功能　　　　B. 可以提高大脑的反应能力

　　C. 可以提高耐寒和抗病的免疫能力　D. 可以提高协调能力

7. 水曲运动的比赛装备有哪些？（　　）

　　A. 球帽　　　　　　　　　　　　　B. 呼吸管

　　C. 面镜　　　　　　　　　　　　　D. 护嘴或运动专用牙套

　　E. 水曲专用手套　　　　　　　　　F. 球棍

　　G. 脚蹼

8. 营养素的种类有哪些？（　　）

　　A. 碳水化合物　　　B. 蛋白质　　　C. 脂肪

9. 游泳有哪些距离的项目？（　　）

　　A. 短距离项目　　　B. 中距离项目　　　C. 长距离项目

10. 单脚蹲跳的练习目的有（　　）

　　A. 发展下肢整体爆发力　　　　　　B. 提高连续超等长收缩能力

　　C. 提高等张收缩能力　　　　　　　D. 提高动态平衡能力

三、判断题

1. 在游泳时长时间不佩戴泳镜游泳，会对眼睛造成伤害。　　　　　（　　）

2. 患有中低度近视的同学选择泳镜时最好选择舒适型泳镜。　　　　（　　）

3. 蛙泳时总是先夹水再蹬腿。　　　　　　　　　　　　　　　　　（　　）

4. 水中健身相当于游泳。　　　　　　　　　　　　　　　　　　　（　　）

5. 水中健身是一种新型的无氧运动。　　　　　　　　　　　　　　（　　）

6. 潜水运动受到越来越多人的喜欢对吗？　　　　　　　　　　　　（　　）

7. 手足爬行的训练目的在于增强手臂与核心力量。　　　　　　　　（　　）

8. 蹲跳落地时应重心前移，将重心放在膝盖上。　　　　　　　　　（　　）

9. 快速伸缩复合练习可以提升运动员的爆发力、速度、力量。　　　（　　）

10. 铁三运动现有奥运会比三项目分别是游泳 1.5km、自行车 40km、长跑 10km。

　　　　　　　　　　　　　　　　　　　　　　　　　　　　　　　（　　）

期末考试答案

单选题：1－5：BBDDA　6－10：DBCAA　11－15：DACAA　16－20：CADCC

　　　　21－25：DBABA　26－30：ABACC

多选题：1. ABCD 2. ABCD 3. ABCD 4. ABC 5. ABC 6. ABCD 7. ABCDEFG 8. ABC 9. ABC 10. ABD

判断题：1—5：对错错错错 6—10：对对错对对

附件2：初级救生员职业技能鉴定 理论复习题（含答案）

一、选择题

1. 水上救生工作的中心是（   ）。
   A. 观察   B. 判断   C. 安全   D. 救助

2. 人在游泳时能体会到由于水有力而产生上浮力、（   ）。
   A. 阻力   B. 压力   C. 升力   D. 反作用力

3. 最早成立水上救生组织的国家的是（   ）。
   A. 澳大利亚   B. 英国   C. 美国   D. 比利时

4. 新中国成立，我国最早成立水上救生组织的城市是（   ）。
   A. 北京   B. 天津   C. 上海   D. 广州

5. 踩水技术在救助溺者时，便于观察水面情况。也可做方向的移动和（   ）拖带。
   A. 左右、前后   B. 左右、上下   C. 前后、上下   D. 其他方向

6. 溺水事故的预防，是指发生事故（   ）的防范工作。
   A. 前   B. 时   C. 中   D. 后

7. 游泳池的中心工作应该是（   ）。
   A. 安全   B. 施救   C. 日常管理   D. 先进设备

8. 直线切割法中，对岸救生岗位主责区的（   ）水域为次责区。
   A. 1/2   B. 1/3   C. 2/3   D. 近旁主责区

9. 在水中活动时，小腿后侧肌肉痉挛是多发的部位。正确的自救方法是（   ）。
   A. 沉底站直   B. 呼叫
   C. 快速上岸   D. 一手按膝手抓脚底做勾脚动作

10. 在水中大腿后侧肌肉痉挛时，自救方法采用（   ）手按住膝盖，然后（   ）手抓住脚趾尽量往上抬起。
   A. 同侧 同侧   B. 异侧 异侧   C. 同侧 异侧   D. 异侧 同侧

11. 不规则的游泳场所每一救生员观察的主责区最大面积不得超过（　　）平方米。

    A. 50　　　　　　　　B. 200　　　　　　　　C. 250　　　　　　　　D. 3000

12. 救生圈一般抛离距离为救生员与溺水者（　　）左右的扇角范围。

    A. 0～4m　　　　　　B. 5～8m　　　　　　C. 9～12m　　　　　　D. 12～15m

13. 当溺水者尚未下沉，特别两手还在挥舞挣扎可用（　　）。

    A. 正面接近　　　　B. 侧面接近　　　　C. 背面接近　　　　D. 潜水接近

14. 在拖带过程中，应时刻注意溺者的（　　）不可没在水下。

    A 鼻　　　　　　　　B. 口　　　　　　　　C. 口、鼻　　　　　　D. 头颈部

15. 救生员在施救时颈部被溺水者抱持时应用（　　）法解脱。

    A. 反（扭）关节　B. 推击　　　　　　C. 夹鼻推颌　　　　D. 转腕

16. 托双腋拖带时，一般救生员采用（　　）的方法较适宜。

    A. 爬泳　　　　　　B. 侧蛙泳　　　　　C. 反蛙泳　　　　　D. 仰泳

17. 救生员距离溺者较近时入水用（　　）。

    A. 直立式　　　　　　　　　　　　　　B. 团身式

    C. 跨步式或蛙腿式　　　　　　　　　　D. 探索滑行式

18. 救生员正面接近溺者，应游至离溺者（　　）米处左右，下潜至溺者髋部以下，然后双手扶溺者髋部，转体180°。

    A. 1　　　　　　　　B. 2　　　　　　　　C. 3　　　　　　　　D. 4

19. 侧面接近是指救生员游至溺者（　　）米处，有意识地转向溺者侧面游进。

    A. 小于1.5　　　　B. 1.5～2　　　　　C. 3　　　　　　　　D. 3～3.5

20. 交叉手被抓的解脱方法是（　　）。

    A. 推击法　　　　　B. 反关节法　　　　C. 托颌法　　　　　D. 托颈法

21. 在夹胸托带时，溺者下肢下沉的主要原因为（　　）。

    A. 溺者太重　　　　　　　　　　　　　B. 溺者背部松散

    C. 没有应用正确技术　　　　　　　　　D. 其他原因

22. 在托带过程中，应时注意溺者的（　　）不可没在水下。

    A. 鼻　　　　　　　　B. 口　　　　　　　　C. 口、鼻　　　　　　D. 头颈部

23. 做现场心肺复苏术前，一般首先检查溺者有无意识。检查必须要在（　　）秒内完成。

    A. 2　　　　　　　　B. 3　　　　　　　　C. 4　　　　　　　　D. 5

24. 对成人溺者做心肺复苏时，心脏按压深度一般为（　　）厘米。

    A. 2～3　　　　　　B. 3～4　　　　　　C. 4～5　　　　　　D. 5～6

25. 国际救生协会成立于（　　）年。

    A. 1891　　　　　　B. 1910　　　　　　C. 1993　　　　　　D. 1998

26. 职业道德是维护职业活动生存和发展的必要（　　）。

A. 条件　　　　B. 内容　　　　C. 措施　　　　D. 要求

27. 称职的游泳救生员除必须具备优良的思想素质外，还必须具备（　　）。
A. 专业技能　　B. 一般技术　　C. 一般技能　　D. 专业理论

28. 游泳救生员可分为（　　）和自然水域救生。
A. 静水　　　　B. 海浪　　　　C. 游泳池　　　D. 人工水库

29. 中国救生协会成立的时间是（　　）年。
A. 1999　　　　B. 2000　　　　C. 2004　　　　D. 2005

30. 踩水时，上体直立水中（　　）露出水面。
A. 稍后倾，头　　　　　　　　　B. 稍前倾，头
C. 稍前倾，肩部　　　　　　　　D. 稍后倾，肩部

31. 踩水时两臂向外摸水时掌心稍（　　）向内摸水时掌心稍向内。
A. 向后　　　　B. 向前　　　　C. 向内　　　　D. 向外

32. 反蛙泳配合动作，两臂前移的同时（　　）。
A. 边收边分慢收腿　　　　　　　B. 先收后分慢收腿
C. 边收边分快收腿　　　　　　　D. 先收后分快收腿

33. 救生员应采取（　　），接近距离较远的弱者。
A. 抬头爬泳　　B. 蛙泳　　　　C. 侧泳　　　　D. 反蛙泳

34. 反蛙泳拖带运送（　　）。
A. 只适用于托枕　　　　　　　　B. 只适用于托颌
C. 只适用托双腋　　　　　　　　D. 适用托枕、托颌、双腋三种

35. 爬式潜泳只用双腿做（　　）打水动作向前游进。
A. 蛙泳　　　　B. 爬泳　　　　C. 蝶泳　　　　D. 侧泳

36. 蛙式长划臂蛙泳腿和臂配合动作（　　）。
A. 收腿与臂前伸的动作几乎同时开始 B. 先收腿然后臂前伸
C. 臂前伸然后收腿　　　　　　　D. 臂前伸滑行后收腿

37. 在水中救助溺水者时，使用（　　）能快速准确寻找打捞沉底溺水者。
A. 潜泳　　　　B. 侧泳　　　　C. 反蛙泳　　　D. 爬泳

38. 根据我国劳动法规定，劳动者享有的基本权利包括平等就业权、自由选择职业权、按时足额取得劳动报酬权利和（　　）等。
A. 经营管理权　B. 休息休假权　C. 选举经理权　D. 工资决定权

39. 游泳时（　　），容易造成踩踏或撞伤意外事故发生。
A. 水中嬉闹　　B. 水中滑行　　C. 呛水　　　　D. 打腿

40. 遇到自我突发意外危险时用醒目的（　　）方式，发出求救信号。
A. 肢体语言　　B. 漂浮　　　　C. 休息　　　　D. 踩水

41. 小腿前面肌肉痉挛，先用一只手抓住脚趾，而后用力尽量（　　）按压。
A. 往左　　　　B. 往下　　　　C. 往右　　　　D. 往上

42. 游泳池救生观察台的高度不应低于（　　）米。

    A. 3　　　　　　B. 2.5　　　　　C. 2　　　　　　D. 1.5

43. （　　）是游泳场所必须设置的标志牌。

    A. 广告牌　　　　B. 泳道牌　　　　C. 警示牌　　　　D. 宣传牌

44. 观察是指救生员值岗时，不间断地扫视、环视自己所负责的责任区域，防止造成溺水事故发生的一种专门的（　　）。

    A. 救生技术　　　B. 赴救技术　　　C. 游泳技术　　　D. 救生手段

45. （　　）是在值岗时，救生员对自己责任区的左右、远近进行直线、不间断的观察。

    A. 环视法　　　　B. 扫视法　　　　C. 跟踪法　　　　D. 眺望法

46. 下列哪一类人群不是救生员的重点观察对象（　　）。

    A. 老人　　　　　B. 妇女　　　　　C. 儿童　　　　　D. 在泳池旁休息者

47. 在泳池施救过程中使用（　　）是泳池间接救生的方法之一。

    A. 心肺复苏　　　B. 肩背运送　　　C. 救生圈　　　　D. 入水

48. 双人上岸方法需要（　　）救生员同时操作。

    A. 两名　　　　　B. 三名　　　　　C. 一名　　　　　D. 四名

49. 在游泳池实施手援技术时要注意在确保（　　）的安全情况下，有效快速地进行施救。

    A. 溺水者　　　　B. 自身　　　　　C. 教练员　　　　D. 游泳池经理

50. 救生员在距离游泳池边（　　）的地方发现溺水者，使用救生浮标进行间接施救是一种最简易的好方法。

    A. 3m 以内　　　B. 5～10m　　　C. 15～20m　　　D. 20m 以上

51. 救生员在抛掷（　　）时一定要准确到位。

    A. 救生杆　　　　B. 颈托　　　　　C. 急救板　　　　D. 救生圈

52. 直接赴救是由（　　）等技术环节组成。

    A. 入水、接近、解脱、拖带、上岸

    B. 入水、解脱、拖带、肩背

    C. 入水、接近、解脱、拖带、上岸、肩背运送

    D. 呼叫、接近、解脱、拖带、上岸、肩背

53. 游泳救生入水技术分为（　　）等。

    A. 跨步式、蛙腿式、鱼跃式　　　　　B. 跨步式、蛙腿式、鱼跃式、直立式

    C. 跨步式、蛙腿式、鱼跃式、抱膝式　D. 跨步式、蛙腿式、鱼跃式、步行式

54. 跨步式入水时救生员的眼睛应始终不离赴救目标，救生员的（　　）始终保持在水面上。

    A. 上肢　　　　　B. 头部　　　　　C. 手脚　　　　　D. 肩部

55. 鱼跃式入水技术是救生员迅速接近（　　）溺水者的最好方法之一。

A. 近距 B. 远距离 C. 岸边 　　　　 D. 肩部

56. 接近时，要尽量避免与溺水者（　　）接触。

A. 背面 　　　　　 B. 正面 　　　　　 C. 身体 　　　　　 D. 头部

57. 单人做成人溺者心肺复苏时，吹气的频率应该为（　　）次/分。

A. 20 　　　　　 B. 16 　　　　　 C. 15 　　　　　 D. 12

58. 救生员采用背面接近技术时，应迅速紧贴溺水者（　　），用双手加以控制。

A. 腰部 　　　　　 B. 腿部 　　　　　 C. 背后 　　　　　 D. 头部

59. 接近时救生员可以直接潜入池底，双手（　　），脚蹬池底，将溺水者拖出水面。

A. 抱头 　　　　　 B. 扶腰 　　　　　 C. 托颈 　　　　　 D. 托腋

60. 直接赴救包括入水、接近、（　　）、拖带、上岸、运送个环节。

A. 反关节 　　　　 B. 心肺复苏 　　　　 C. 手援 　　　　 D. 解脱

61. 溺水者持续闭气时间一般最长约（　　）秒左右。

A. 30 　　　　　 B. 60 　　　　　 C. 90 　　　　　 D. 120

62. 溺水时窒息缺氧的十溺类型占整个溺水者的比例约为（　　）。

A. 10%～15% 　　 B. 15%～25% 　　 C. 25%～35% 　　 D. 35%～45%

63. 溺水后人体的生理变化（　　）分钟脑细胞开始会发生不可逆转的损害。

A. 1～3 　　　　　 B. 3～5 　　　　　 C. 4～6 　　　　　 D. 6～7

64. 溺水后轻度为（　　）表现为神志清醒，仅有血压升高、心率增快等症状。

A. 物理 　　　　　 B. 生理 　　　　　 C. 临床 　　　　　 D. 心理

65. 现场急救的原则之一就是加强途中（　　）。

A. 运送与救治 　　 B. 监护与救治 　　 C. 包扎与固定 　　 D. 止血与复苏

66. 基本生命支持阶段，应该包括畅通气道、人工呼吸、（　　）3 个步骤，以维持有效的呼吸和循环。

A. 建立循环 　　　 B. 体外除颤 　　　 C. 药物治疗 　　　 D. 脑复苏

67. 如瞳孔（　　）、固定、角膜浑浊，则说明复苏无效。

A. 由小变大 　　　 B. 由大变小 　　　 C. 变黄 　　　　　 D. 不变

68. 在开放气道的情况下，通过（　　）观察判断溺水患者有无呼吸活动。

A. 看 　　　　　　 B. 听 　　　　　　 C. 感觉 　　　　　 D. 看、听、感觉

69. 有些型号口罩上附加有供氧接头，在向溺水者吹气的同时加入部分（　　）提高吹入氧气的浓度。

A. 酒精 　　　　　 B. 药物 　　　　　 C. 水分 　　　　　 D. 气体

70. 口对口人工呼吸每次吹气量范围在（　　）内。

A. 500ml～700ml 　　　　　　　　 B. 700ml～1000ml

C. 800ml～1200ml 　　　　　　　　 D. 100ml～1400ml

71. 在口对口人工呼吸时，救生员要用（　　）捏住溺水者鼻翼而封闭其鼻腔，以

免吹入气从此溢出。

    A. 拇指与无名指　　　　　　　　B. 拇指与中指

    C. 拇指与食指　　　　　　　　　D. 无名指、中指与拇指

72. 胸外心脏按压时双手采用两手手指（　　）抬起的方法。

    A. 平行　　　　　B. 重垫　　　　　C. 交叉　　　　　D. 不清楚

73. 救生员在胸外按压时下压及向上放松的时间，应（　　）。

    A. 下压快，放松慢　　　　　　　B. 下压慢，放松快

    C. 相等　　　　　　　　　　　　D. 有停顿

74. 救生员在按压时双臂应绷直，双肩在溺水者（　　），垂直向下用力按压。

    A. 胸骨上方正中　　B. 剑突　　　C. 胸骨柄　　　D. 肩胛骨

75. 新中国成立，我国第一代救生员产生于（　　）。

    A. 北京　　　　　B. 天津　　　　　C. 上海　　　　　D. 广州

76. 单手上臂被抓解脱法（　　）。

    A. 推击法　　　　B. 反关节法　　　C. 扳手指法　　　D. 托领法

77. 救生圈一般抛离距离为救生员与溺水者（　　）左右的扇角范围。

    A. 0.4m　　　　　B. 5～8m　　　　C. 9～12m　　　　D. 12～15m

二、是非题

1. 游泳救生工作的中心是安全。　　　　　　　　　　　　　　　　（　　）

2. 2008 年 5 月，中国在杭州举办第一批游泳救生员考评员培训班。　（　　）

3. 踩水配合时一般两腿各蹬夹两次，或两腿同时蹬夹两次，两手做一次摸水动作。

    　　　　　　　　　　　　　　　　　　　　　　　　　　　　（　　）

4. 反蛙泳身体仰卧水中，自然伸直。　　　　　　　　　　　　　　（　　）

5. 蛙泳划臂时，两臂自然伸直经水中在肩前入水。　　　　　　　　（　　）

6. 侧泳技术有手出水和手不出两种姿势。　　　　　　　　　　　　（　　）

7. 侧泳做收腿动作时，大腿与躯干成 80°角，小腿与大腿成 45°～60°角。（　　）

8. 对紧张挣扎的溺水者，使用侧泳技术采用夹胞胸的方法，能严紧地控制住溺水者。　　　　　　　　　　　　　　　　　　　　　　　　　　　　　　（　　）

9. 潜泳潜深只有头先朝下潜深法。　　　　　　　　　　　　　　　（　　）

10. 国家队运动员参中大奖赛以及各种商业性比赛的奖金收入，一般其奖金总额的 10％应捐赠给中华全国体育基金会建立运动员、教练员保障基金。（　　）

11. 救生器材包括救生竿。　　　　　　　　　　　　　　　　　　　（　　）

12. 游泳场所必须配备救生圈等急救器材。　　　　　　　　　　　　（　　）

13. 仰卧漂浮休息，腿部下沉可将腹部露出水面并屈腕。　　　　　　（　　）

14. 预案的内容包括确定现场指挥者和实施抢救人员的分工。　　　　（　　）

15. 饱餐后即刻游泳肾脏负担过重，容易引起呕吐和昏迷。　　　　　（　　）

16. 游泳者溺水初期身体通常表现为垂直姿势。 （　　）

17. 判断是指救生员在值岗时，对观察的情况做出的快速呼救。 （　　）

18. 当水中发现溺水者时，应首先判断溺水者有无呼吸。 （　　）

19. 如溺水者在水中不能自主地支配肢体动作，并缓慢下沉或已沉入池底，则溺水者已丧失意识。 （　　）

20. 观察区域划分的原则是：便于救生员观察，减少观察盲区和死角。 （　　）

21. 直线切割法中，对岸救生岗位主现区 1/3 的水域为次责区。 （　　）

22. 救生员次责区不得超过 250m²。 （　　）

23. 救生是指人们在（游泳）活动时发生意外事故所采取的救助措施。 （　　）

24. 救生员用单手虎口推击溺水者手腕部时，撞击时要迅速、有力。 （　　）

25. 救生员腰部正面被抱持后，救生员应采用扳手指方法解脱。 （　　）

26. "抓发"解脱后，应及时将溺水者转体至背贴救生员前胸，夹胸控制住。 （　　）

27. 救生员单手前臂被溺水者抓住时常用扳手指法解脱。 （　　）

28. 当救生员右手被溺水者的左手抓住时应采用"转腕法"。 （　　）

29. 拖带是救生员采用侧泳、潜水技术将溺水者拖带到岸边的一种技术。 （　　）

30. 拖带时应使溺水者的口鼻保持在水面上，以保证溺水者的呼吸。 （　　）

31. 夹胸拖带时，救生员手臂着力点应在溺者身上胸和腋下部位上。 （　　）

32. 托双腋拖带技术比较省力，在救助溺水者过程中易于施救溺水者。 （　　）

33. 侧泳或反蛙泳技术常用于托枕拖带。 （　　）

34. 上岸是指救生员将器材从水中送上池岸的一种救助技术。 （　　）

35. 由于泳池的建筑结构和溺水者的受伤情况不同，上岸主要采用单人和双人两种上岸技术。 （　　）

36. 在游泳池的深水区，将溺水者托带到池边，可采用肩扛上岸技术。 （　　）

37. 在确定溺水者有外伤的情况下，肩背运送是一项比较实用的运送技术方法。 （　　）

38. 在现场抢救中应坚持连续进行心肺复苏，不能简单地提出停止复苏的决定。 （　　）

39. 救生员平时对模拟人进行口对口吹气训练时如果患有某种传染性疾病，不可能通过唾液传染给其他救生员。 （　　）

40. 心肺复苏的第三步骤操作是打开气道。 （　　）

41. 判断溺水者有无意识的一般方法是轻拍溺水者的面颊。 （　　）

42. 溺水者放置俯卧位即头颈部与躯干保持一线，头部不能高于心脏的位置，双手置于躯干两侧。 （　　）

43. 溺水者处于无意识姿态时，舌肌和会厌后坠可能会阻塞气道。 （　　）

44. 止血方法有加压包扎、指压、强屈关节、止血带、结扎、外用药物等。（　　）

45. 胸外心脏按压的下压速率为每分钟 100 次。 （　　）

46. 游泳者发生脊柱损伤一定是颈椎损伤。 （　　）

47. 游泳者脊骨失力、颈部有坠下有感觉等症状出现，应该怀疑下肢损伤。（　　）

48. 脊髓位于脊柱之内，脊柱骨折可能导致脊髓受伤。 （　　）

49. 游泳者脊柱受伤时，进行运送唯一使用的急救器材是急救板。 （　　）

50. 斜方肌挤压法时，救生员应双手虎口张开，在溺水者头部两侧插入肩下至斜方肌，掌心向下，压紧斜方肌。 （　　）

51. 水上救生工作的指导思想："同心同德，拯溺救难。" （　　）

52. 游泳救生员当值时，穿着统一服装，不但有助于塑造专业形象，更便于执行救生任务。 （　　）

53. 每一救生岗位观察区域主责区的最大面积可达 $260m^2$。 （　　）

54. 救生员在交接班时，接班救生员一边耳听交班救生员的情况介绍，一边上岗接班。 （　　）

55. 人在溺水时，肺部或胃部都积满了水，导致无法进行呼吸缺氧而死亡。（　　）

56. 救生专门技术是指在水上用最快的速度和合理方法将溺水者救出水域的一项专门技术。 （　　）

57. 心脏病人，不论有什么保护措施都不能下水游泳。 （　　）

58. 救生员距离溺水者较远时，可采用蛙腿式入水。 （　　）

59. 心脏位居两肺之间，胸骨的正后方。 （　　）

60. 在施救时尽可能靠近溺者，便于成功救起。 （　　）

61. 侧泳分为手出水和手不出水两种情况。 （　　）

62. 侧面接近时，救生员靠近溺者看准并果断，利索地用同侧手抓握住挣扎中的溺者近侧手腕部。 （　　）

63. 上岸的目的是要尽快地将溺者送到岸上进一步抢救。 （　　）

64. 救生员在进行双人解脱时，应先确认两个人中谁是溺者。 （　　）

65. 在未能控制住溺者时，救生员应放开溺者的手腕，重新组织再次施救。（　　）

66. 池岸赴救是指救生员在岸边利用水域现场的救生器材，对无意识的溺者进行施救的一种技术。 （　　）

67. 救生专门技术是指在水上用最快的速度和合理方法将溺水者救出水域的一项专门技术。 （　　）

68. 救生员在交接班时，接班救生员一边耳听交班救生员的情况介绍，一边上岗接班。 （　　）

69. "同心同德、拯溺救难"是游泳救生工作的指导思想。 （　　）

70. 鱼跃浅跳入水后，要在水中滑行一定的距离后，方可头露出水面。 （　　）

71. 解脱的方法主要有：转腕、扳手指、反（扭）关节、推击等。 （　　）

72. 容易发生溺水事故的情况，有不小心从池边、岸边等处滑入水中或在水中滑倒

后站不起来。 （　　）

73. 在一般的情况下，救生员应尽可能地采用背面接近溺者，保护自身安全。

（　　）

74. 游泳场所在游泳人员平均有效水面积可达 3m²。 （　　）

75. 侧泳时下侧臂的动作可分为准备姿势、滑下、划水和臂前移四个阶段。（　　）

76. 反蛙泳的臂和腿的配合为手划水或臂划水与腿的蹬夹水交替进行。 （　　）

77. 遇到事故时，救生员可以对外随意发表自己的个人意见。 （　　）

78. 游泳救生员当值时，穿着统一服装，不但有助于塑造专业形象，更便于执行救生任务。 （　　）

79. 踩水的腿有两种技术，一种是两腿交替蹬水，另一种是两腿同时蹬夹水。

（　　）

80. 救生员接近溺者成功后一定要控制住溺者。 （　　）

三、初级救生员理论考试复习题

1. 游泳场所中，安全标识应该如何设置？

2. 救生员在值岗时，应对哪些人群进行重点看护？

3. 在游泳池发现了一名溺水者，在你采取赴救措施之前，应该对溺水者做出哪些判断？

4. 当游泳者不小心弄伤身体，流血不止，你应该如何处理？

参考答案：

一、选择题

1—5CBBCA	6—10AADDC	11—15CBBCA	16—20CCCCA
21—25CCDCC	26—30AAADB	31—35DAADB	36—40DABAA
41—45DDCAB	46—50DCABA	51—55DCABB	56—60BDCDD

61—65 AABBD   66—70 AADDC   71—75 CCAAC   76—77 BB

二、是非题

1—5 √√√√√   6—10 √√√√√   11—15 √√×√√
16—20 √√×√√   21—25 ×√×√×   26—30 √×√√√
31—35 √√××√   36—40 ××√××   41—45 ××√√√
46—50 ××√√×   51—55 ×√××√   56—60 √××××
61—65 √√√√×   66—70 ×√×××   71—75 √√√√√
76—81 ×××√√√

三、初级救生员理论考试复习题

1. 答：（1）告知牌：游泳场示意图。

    （2）警示牌：禁止跳水。

    （3）须知牌：游泳安全须知。

2. 答：技术不佳、体弱、突发疾病、儿童、老年人、残障人群、孕妇。

3. 答：清醒的、昏迷的、外伤的、疾病的。

4. 答：消毒、包扎、止血。

附件 3：社会体育指导员职业
培训教材（初级）试题库

第一章　体育概述

一、是非题

1. 广义的体育包括竞技运动、狭义的体育、身体锻炼和身体娱乐三部分。　（　　）

2. 狭义的体育也称体育教育。　（　　）

3. 体育的本质功能是健身和攀登竞技体育高峰。　（　　）

4. 体育手段具有历史性、国际性、民族性和地域性的特点。　（　　）

二、简答题

1. 我国体育的任务是什么？

2. 体育的功能是什么？

3. 按照体育运动要达到的目的，可以把体育手段分为哪些类别？

三、论述题

试述体育在现代社会生活中的地位。

参考答案：

一、是非题

1. √　　2. √　　3. ×　　4. √

二、简答题

1. 答：（1）增强人民体质，提高机体工作能力，延长工作年限，使人健康长寿；
（2）掌握提与的基本知识、技能和技术；（3）提高运动技术水平，攀登世界体育高峰；

（4）进行思想品德教育。

2. 答：（1）健身功能；（2）娱乐功能；（3）促进个体社会化功能；（4）社会情感功能；（5）教育功能；（6）政治功能；（7）经济功能。

3. 答：（1）健身类手段；（2）健美类手段；（3）娱乐类手段；（4）竞技类手段；（5）冒险类手段。

三、论述题

答：体育已引起各国政府的重视。随着社会现代化水平的不断提高，体育的社会价值和地位也在日益提高。主要表现：国家设立了专门的体育机构；制定了体育政策法规；把体育纳入教育制度中；各国政界人物重视体育、参与体育，把体育放在显赫位置。

体育正逐步成为人们日常生活不可缺少的组成部分。首先，经常参加体育活动的人数越来越多；其次，近年来，竞技运动在许多国家迅速进入人们生活的各个领域，日益成为人们感兴趣的社会活动之一，人们对重大比赛的热情更是达到了狂热的地步。

第二章　社会体育指导员概述

一、是非题

1. 社会体育是政府强制公民参加的，以增进身心健康为目的，内容丰富、形式灵活的大众普及性体育活动。　　　　　　　　　　　　　　　　　（　　）

2. 社会体育是衡量一个国家和体育发展水平的重要标志。　　　　（　　）

3. 一般认为社会体育的对象为社会全体公民。　　　　　　　　　（　　）

4. 1995 年，《全民健身计划纲要》和《中华人民共和国体育法》的颁布实施，标志着我国社会体育的发展实现了一个更大的飞跃。　　　　　　　　　（　　）

5. 社会体育指导员不是我国职业系列中的一种。　　　　　　　　（　　）

6. 1993 年国务院颁布了《社会体育指导员技术等级制度》。　　　（　　）

二、简答题

1. 社会体育有哪些特点？

2. 社会体育有什么作用？

3. 社会体育指导员有什么作用？

4. 建立社会体育指导员职业资格证书制度有什么意义？

参考答案：

一、是非题

1. ×　　2. √　　3. √　　4. √　　5. ×　　6. ×

二、简答题

1. 答：（1）对象的广泛性；（2）时空的广泛性；（3）目的、内容的多样性；（4）组织的灵活性；（5）参与的自愿性。

2. 答：（1）满足社会成员的多种需求；（2）促进社会精神文明建设；（3）促进生产发展和经济建设。

3. 答：（1）推动体育产业发展；（2）增进公民身心健康，提高生活质量；（3）促进社会主义精神文明建设。

4. 答：促进社会体育指导员队伍的发展和建设是建立社会体育指导员人才市场和保障就业质量的重要手段；能够提高社会体育指导员的能力和地位；有利于体育行政部门加强对社会体育指导员队伍的监控管理。

第三章　社会体育指导员从业须知

一、选择题

1. 在社会体育指导员道德体系中，居于核心地位的是_____。

    A. 体育道德　　　　　　　　　　B. 社会体育指导员职业道德规范

    C. 社会体育指导员职业道德原则　　D. 行为准则

2. 建立社会体育指导员职业资格证书制度的法律依据是_____。

    A.《中华人民共和国体育法》和《中华人民共和国劳动法》

    B.《中华人民共和国体育法》和《中华人民共和国职业教育法》

    C.《中华人民共和国体育法》和《中华人民共和国职业教育法》

    D.《中华人民共和国体育法》和《中华人民共和国教育法》

3. 根据《中华人民共和国劳动法》，集体合同签订后，应报送_____。

    A. 工商管理部门　　　　　　　　B. 劳动行政部门

    C. 劳动人事部门　　　　　　　　D. 劳动仲裁部门

4. 下列哪种情形下，用人单位可以解除劳动合同_____。

    A. 劳动者患病或者非因公负伤，医疗期满后，不能从事原工作

    B. 患职业病或者因工负伤并被确认丧失或者部分丧失劳动能力

    C. 患病或者负伤，在规定的医疗期内的

    D. 女职工在孕期、产期、哺乳期的

5. 对社会体育指导员仪表仪态的基本要求是_____。

    A. 既要有职业美，也要有声音美　　B. 既要有语言美，也要有行为美

    C. 既要有声音美，也要有行为美　　D. 既要有职业美，也要有风度美

二、是非题

1. "遵纪守法，诚实公平"是我国社会体育指导员的职业道德原则之一。　（　　）

2. 《职业标准》由职业概况、基本要求和工作要求 3 个部分组成。　（　　）

3. 取得本职业初级职称资格证书后，连续从事本职业工作 2 年以上，可取得中级社会体育指导员正规培训。　（　　）

4. 社会体育指导员分为初级、中级、高级三个级别。　（　　）

5. 《职业标准》规定社会体育指导员的职业功能是由接待咨询、准备工作、技术指导、健身指导、培训及经营与管理等几个方面的工作组成。　（　　）

6. 职业道德是从事不同职业的人们，在其工作或劳动中必须遵循的道德行为准则。
　（　　）

7. 我国社会主义各行业职业道德的共同要求是爱岗敬业、诚实守信、办事公道、服务群众、奉献社会。　（　　）

8. "为人民服务"是我国社会体育指导员的职业道德原则。　（　　）

9. 社会体育指导员在言论谈吐方面需要声音美、礼貌称呼和礼仪用语。　（　　）

10. 社会体育指导员应勇于并善于揭露和抵制各种伪科学的活动。　（　　）

11. 社会体育指导员应按照练习者的民族习惯称呼对方。　（　　）

12. 在社会体育指导员的职业道德中，社会体育指导员的道德规范是处于核心地位的。　（　　）

三、简答题

1. 申报初级社会体育指导员应具备什么条件？

2. 我国社会体育指导员在工作中必须遵循的道德规范主要有哪些？

3. 社会体育活动常见的仪式礼节的主要有哪些？

参考答案：

一、选择题

1. C　　2. A　　3. B　　4. A　　5. D

二、是非题

1. √　2. √　3. ×　4. ×　5. √　6. √　7. √　8. ×　9. √　10. √
11. √　12. √

三、简答题

1. 答：经过初级社会体育指导员正规培训，并达到规定标准学时数；通过初级运动技术考核，并取得毕（结）业证书；或者是取得体育中等专科学校毕业证书。

2. 答：第一，热爱体育，乐于奉献；第二，热忱服务，尽职尽责；第三，坚持科学文明，反对迷信；第四，钻研业务，勤于进取；第五，团结协作，互相尊重；第六，遵纪守法，诚实公平。

3. 答：获准礼节、提前做好文书礼仪工作、场地的选择、租赁与布置工作。

第四章　人体运动科学基础知识

一、选择题

1. 正常人体由（　　）块骨组成。

　　A. 200　　　　　　　　B. 210　　　　　　　　C. 206　　　　　　　　D. 208

2. 被称为生命中枢和交通中枢的是（　　）。

　　A. 大脑　　　　　　　　B. 脑干　　　　　　　　C. 小脑　　　　　　　　D. 间脑

3. （　　）是重要的皮层下感觉中枢。

　　A. 大脑　　　　　　　　B. 脑干　　　　　　　　C. 小脑　　　　　　　　D. 间脑

4. 正常成年男子每 100ml 血液中约含（　　）克血红蛋白。

　　A. 11～15　　　　　　　B. 12～16　　　　　　　C. 13～17　　　　　　　D. 14～18

5. 听觉感受器是（　　）。

　　A. 耳蜗　　　　　　　　B. 前庭　　　　　　　　C. 半规管　　　　　　　D. 以上都是

6. 幼年时（　　）激素分泌过多会引起巨人症。

　　A. 甲状腺素　　　　　　B. 胰岛素　　　　　　　C. 肾上腺素　　　　　　D. 生长素

7. 肌肉收缩唯一的直接能量来源是（　　）。

　　A. ATP　　　　　　　　B. ADP　　　　　　　　C. CP　　　　　　　　　D. Pi

二、是非题

1. 组织是人体构成、发育和生命活动的基本结构和功能单位。　　　　　　　　　（　　）

2. 人体的脑神经和脊神经各为 12 对和 31 对。　　　　　　　　　　　　　　　（　　）

3. 动脉血指的是在动脉中流动的血，静脉血指的是在静脉中流动的血。　　　　　（　　）

4. 糖的无氧氧化能产生乳酸，有氧氧化能产生二氧化碳和水。　　　　　　　　　（　　）

三、简答题

1. 人体是由哪几大系统构成的？

2. 简述心脏的主要功能以及其内部 4 个腔室的名称。

3. 简述尿的生成过程。

4. 三磷酸腺苷（ATP）的再合成途径有哪些？

参考答案：

一、选择题

1. C 2. B 3. D 4. B 5. A 6. D 7. A

二、是非题

1. × 2. √ 3. × 4. √

三、简答题

1. 答：共九大系统：运动系统、循环系统、呼吸系统、消化系统、泌尿系统、生殖系统、感官系统、内分泌系统。

2. 答：心脏的主要功能：是实现泵血功能的肌肉器官、是血液循环的动力器官。四个腔室：右心房和右心室；左心房和左心室。

3. 答：尿的形成是在肾内完成的：血液经过肾小球的过滤进入肾小囊，形成原尿。原尿经过肾小管时，一部分对人体有用的物质如葡萄糖等被重新吸收入血液，剩下的废物如尿酸等就形成终尿。肾形成的尿液经肾盂流入输尿管，再经膀胱及尿道排出体外。

4. 答：有三个途径：来自磷酸肌酸（CP）的分解放能；来自肌糖原的糖酵解放能；来自糖和脂肪（可能还有蛋白质）的氧化放能。

第五章　身体锻炼的心理学知识

一、选择题

1. 心理压力会影响人们的认知、情绪、行为和生理过程，而认知、情绪、行为和生理也在影响或改变着心理压力，其中，_____具有决定性的影响。

   A. 认知　　　　　B. 情绪　　　　　C. 行为　　　　　D. 生理

2. 某人面对压力时经常采用喝酒的方式来缓解紧张，他所采用的应付方式是_____。

   A. 主动型应付　　B. 回避型应付　　C. 情绪定向应付　D. 问题定向应付

3. 下列_____属于个体遭受挫折后的积极自我防卫方式。

   A. 攻击　　　　　B. 厌世　　　　　C. 固执　　　　　D升华

4. 个体受到挫折后表现出和自己身份、年龄极不相称的幼稚行为，这种自我防卫方式称为_____。

   A. 补偿　　　　　B. 改变策略　　　C倒退　　　　　D固执

5. 一个人承受挫折和战胜逆境的能力，称为_____。

   A. 智商（IQ）　　　B. 逆境商（AQ）　　　　C. 情商（EQ）

二、是非题

1. 健康包括躯体健康、心理健康、道德健康和社会适应良好，心理健康是健康的重要组成部分。 （ ）

2. 心理健康是个体较长一段时间内持续的心理状态。 （ ）

3. 压力是由紧张刺激引起的，伴有躯体功能以及心理活动改变的一种身心紧张状态。压力包括压力源、认知评价和压力反应三大组成部分。 （ ）

4. 塞尔耶认为人们对压力的反应有警报和动员、抵抗、衰竭和崩溃三个典型的阶段。 （ ）

5. 压力总是引起人们生理、心理或行为上的消极反应，如头疼、失眠、焦虑、烦躁等。 （ ）

三、简答题

1. 人们参加身体锻炼的动机有哪些？

2. 身体锻炼能产生哪些心理效益？

3. 怎样锻炼才能获得较大的心理效益？

4. 哪些因素影响人们坚持体育锻炼？

5. 挫折的心理调适方法有哪些？

参考答案：

一、选择题

1. A　　2. B　　3. D　　4. C　　5. B

二、是非题

1. √　　2. √　　3. √　　4. √　　5. ×

三、简答题

1. 答：人们参加身体锻炼的动机有：为丰富社会经验而锻炼；为强身健体而锻炼；为消遣和寻求刺激而锻炼；为丰富审美经验而锻炼；为精神发泄而锻炼；为磨炼意志而锻炼。

2. 答：身体锻炼能产生的心理效益有：增加或提高学业成绩、信心、情绪稳定性、智力水平、记忆力、工作效率、知觉能力、人际关系、良好心境、积极身体自我评价等；减少或降低怒气、焦虑、抑郁、敌意态度、恐惧感、应激反应、紧张、A型行为、工作错误等。

3. 答：获得较大心理效益的锻炼方法有：选择令人愉快和感兴趣的活动；选择有氧运动或者有节奏的腹式呼吸的运动；选择回避人际竞争的运动；选择自控性的运动。

4. 答：影响人们坚持体育锻炼的因素有：个人动机；坚持性行为和应对技能；配偶的支持；可利用的时间；接近锻炼器材；个体对良好健康状况的知觉等。

5. 答：挫折的心理调适方法有：提高挫折承受力；走出过去的阴影；调整不现实

的目标；客观分析挫折的原因等。

第六章　身体素质的生理学基础及锻炼

一、选择题

1. 力量训练使肌纤维增粗，主要是因为增加人体肌肉中的（　　）含量。
   A. 肌糖原物质　　B. 肌凝蛋白　　C. 三磷酸腺苷　　D. 肌红蛋白

2. 要使在训练中获得的力量不消退，训练的频率至少应（　　）。
   A. 每周训练一次　　B. 每周训练二次　C. 每周训练三次　D. 每周训练四次

3. 发展磷酸原系统供能能力，要求运动强度大，而最合适的持续时间是（　　）。
   A. 5s～15s　　　B. 20s～30s　　C. 30s～45s　　D. 45s～1min

4. 下列发展无氧耐力训练的错误方法是（　　）。
   A. 200～600m 疾跑　　　　　B. 低乳酸值的间歇训练
   C. 一次练习的持续时间在 30s～2min　D. 高乳酸值的间歇训练

5. 力量练习主要能发展大脑皮质神经过程的（　　）。
   A. 抑制性　　　　　　　　B. 灵活性
   C. 均衡性　　　　　　　　D. 加快发放冲动的频率增加

6. 静力性练习主要是提高（　　）。
   A. 动力力量　　　B. 相对力量　　C. 速度性力量　　D. 最大力量

7. 决定有氧耐力的关键因素是（　　）。
   A. 肺活量　　　　　　　　B. 血色素
   C. 肌肉的氧化供能能力　　D. 心率

8. 采用较低强度和持续时间长的练习或用长段落的间歇训练方法主要是发展运动员的（　　）。
   A. 无氧耐力　　　B. 有氧耐力　　C. 速度耐力　　D. 力量耐力

9. 在动力性力量中，若要很快提高最大力量，应采用（　　）。
   A. 重复次数多而阻力小的练习　B. 重复次数少而阻力大的练习
   C. 最大负重的 50% 左右的负荷　D. 采用 12～16 次的重复次数

10. 优秀耐力运动员腿部肌纤维的百分组成最多的是（　　）。
    A. 白肌纤维　　B. 红肌纤维　　C. 快肌纤维　　D. 慢肌纤维

11. 投掷运动员的器械出手速度属于（　　）。
    A. 反应速度　　B. 位移速度　　C. 动作速度　　D. 速度耐力

12. 短跑运动员从听到发令枪响到起动的时间属于（　　）。
    A. 反应速度　　B. 位移速度　　C. 动作速度　　D. 加速度

13. 评定有氧耐力最有效的强度指标是（　　　）。

　　A. 心排血量　　　　B. 乳酸阈　　　　C. 最大吸氧量　　D. 心率

二、是非题

1. 身体素质主要包括力量素质、速度素质、耐力素质、柔韧素质、反应素质。

（　　　）

2. 肌肉的生理横断面是决定肌肉力量的重要因素，其生理横断面愈大，肌肉收缩产生的力量就越小。（　　　）

3. 力量训练后肌力增长同时肌肉的生理横断面也会增大。（　　　）

4. 骨骼肌中快肌纤维百分比高及其横断面面积大的人，其肌肉收缩力量也大，尤以快肌纤维百分比高对力量的影响更大。（　　　）

5. 重复次数少而阻力大的练习，能够提高肌肉耐力。（　　　）

6. 超负荷原则就是超过自己的最大力量。（　　　）

7. 肌肉力量增长愈快，而停止训练后力量消退也愈慢。（　　　）

8. 力量训练中应考虑肌群的练习顺序，一般是先练小肌群，后练大肌群。（　　　）

9. 重复次数少而阻力大的练习，能很快使肌肉横断面面积增大。（　　　）

10. 肌肉中快肌纤维百分比越高，且快肌纤维越粗，肌肉收缩速度则愈快。（　　　）

11. 在完成运动过程中，运动技能愈熟练，动作速度也就愈快。（　　　）

12. 强度大、时间短的速度性练习主要依靠糖酵解供能。（　　　）

13. 体操运动员在体操器械上十分敏捷，在球场上也必然十分灵敏。（　　　）

14. 灵敏素质与年龄、性别、体重和疲劳等因素有关。（　　　）

三、简答题

1. 简述发展力量素质的原则。

2. 简述与无氧耐力训练有关的因素。

四、论述题

决定肌肉力量的主要因素有哪些?

参考答案：

一、选择题

1. B　2. A　3. A　4. B　5. D　6. D　7. C　8. B　9. B　10. C　11. C　12. A　13. C

二、是非题

1. ×　2. ×　3. √　4. √　5. ×　6. √　7. ×　8. ×　9. ×　10. √　11. √　12. √　13. ×　14. √

三、简答题

1. 答：（1）进行力量素质锻炼；（2）要正确选择训练手段；（3）合理安排各种力量训练的顺序；（4）处理好负荷与恢复的关系；（5）力量练习要保持经常。做到循序渐进；（6）超负荷原则。

2. 答：（1）强度；（2）负荷数量；（3）重复练习的次数与组数；（4）间歇时间。

四、论述题

答：（1）肌肉体积。

①肌肉力量增加常伴随肌纤维增粗（肌肉横断面积增大）的现象，肌力增加与肌肉横断面积增大成正比；

②肌肉结缔组织增厚、肌毛细血管增生、肌纤维内其他内含物（肌红蛋白、CP、肌糖原等）增加，也是肌肉体积增大的原因。

（2）神经调节机能。

①通过力量训练，可改善神经系统动员肌肉的能力。神经系统不断动员更多的肌纤维，使力量增加；

②神经系统改善主动肌、协同肌、对抗肌间的相互协调关系可以增大力量。

第七章　练习指导过程

一、选择题

1. 场地器材活动不大的项目，如单杠、双杠等，可尽量设置在场地的（　　），但不能过分集中。

   A. 边角或较小的地块　　　　　　　B. 场地中间

   C. 场地门口　　　　　　　　　　　D. 较大的地块

2. 铅球的技术要领概括为（　　）

   A. 蹬、转、送、挺、撑、推、拨　　B. 蹬、转、送、挺、推、撑、拨

   C. 蹬、送、转、挺、撑、推、拨　　D. 蹬、转、送、挺、撑、拨、推

3. 讲解时要注意语言的艺术性例如，练习"前滚翻"时团身要紧，可形象地称为（　　）。

   A. 团成球形　　　B. 圆形　　　　C. 球形　　　　D. 车轮

4. 讲解与示范相结合效果最差的是（　　）

   A. 又听又看　　　B. 只看不听　　C. 只听不看

5. 指导员在做完整示范的同时讲解身体练习的技术要领，锻炼者边听、边看、边练。这种结合方式适合用于（　　）的指导。

   A. 简单的身体练习　　B. 初学者　　　C. 复习　　　　D. 比较难

6. 能否掌握锻炼者（　　）的原因，是能否做好预防工作的关键。

    A. 产生错误　　　　　B. 性格方面　　　C. 体力　　　　　D. 身体素质

7. 产生错误动作的原因（　　）。

    A. 指导员造成

    B. 练习者造成

    C. 练习安排不合理

    D. 指导者教材钻研不透、内容缺乏目的性练习积极性不高

8. 下面哪些帮助措施属于直接帮助（　　）

    A. 站在合适的位置，运用托、顶送、挡等手法，帮助完成

    B. 借助专门器械进行帮助

    C. 通过数1、2、3等信号帮助锻炼者完成

    D. 借助绳、杆等醒目的物品，指出运动方向帮助完成

二、是非题

1. 加强运动场地的环境绿化，有利于锻炼者的健康。　　　　　　　　　（　　）

2. 场地器材的布置要便于管理，器材应放置在指导员的视野之内，便于管理和控制。　　　　　　　　　　　　　　　　　　　　　　　　　　　　　　（　　）

3. 体育锻炼的特点三以身体实际操练为主，实际操练占大部分时间。　（　　）

4. 术语是专门性的语言，是最集中、最概括、最精练的语言。　　　　　（　　）

5. 语言必须能反映客观事物的现象和本质。　　　　　　　　　　　　　（　　）

6. 正确是要求指导员的示范符合锻炼者的实际水平。　　　　　　　　　（　　）

7. 为防止由于技术不准确或意外的发生，运用特定的技巧摆脱危险叫他人保护。　　　　　　　　　　　　　　　　　　　　　　　　　　　　　　（　　）

8. 使用专门的保护器材，达到保护和帮助的目的，最大的特点是安全、可靠。　　　　　　　　　　　　　　　　　　　　　　　　　　　　　　　　（　　）

9. 对保护和帮助的手段第一阶段一般是保护与帮助交替运用。　　　　　（　　）

10. 保护的重点是身体的要害部位和最容易受伤的部位，首先是上肢。　（　　）

三、简答题

1. 场地器材的准备要注意哪些？

2. 简述保护与帮助运用的原则。

3. 对保护、帮助的要求有哪些？

四、论述题

1. 如何准确运用讲解法和示范法？

2. 试述产生错误动作的原因及纠正错误动作的注意事项。

参考答案：

一、选择题

1. A 2. A 3. A 4. C 5. C 6. A 7. D 8. A

二、是非题

1. √ 2. √ 3. √ 4. √ 5. √

6. × 7. × 8. √ 9. × 10. ×

三、简答题

1. 答：场地器材的准备要注意：（1）场地器材的总体布局要合理；（2）活动时场地器材的布置应适当集中，避免转换活动项目时花费时间，布置要便于管理放在视野之内以利于管理和控制；（3）在同一时间同一地点有多个小组进行活动时，指导员应事前商量好场地使用的先后顺序和时间；（4）活动前或做练习前应仔细检查场地的布置情况；（5）加强运动场地的环境绿化。

2. 答：保护与帮助运用的原则：（1）位置要适当；（2）助力部位要准确；（3）时机要恰当；（4）力量要适当；（5）重点要明确。

3. 答：对保护、帮助的要求：（1）要有高度的责任感；（2）要熟悉技术动作，掌握正确的保护与帮助的方法；（3）要了解练习者的特点，做到区别对待。

四、论述题

1. 答：讲解法是指指导员用语言向锻炼者说明锻炼任务、动作名称及其作用，完成动作的要领、方法和要求以及指导锻炼者进行学习和锻炼的一种方法。运用时要注意：（1）精讲多练；（2）善于运用比喻；（3）准确运用体育术语；（4）巧妙运用口诀；（5）注意语言的科学性；（6）注意语言的艺术性。

动作示范是体育指导员的重要方法，它是贯彻直观性原则的重要途径。运用时要注意：（1）示范要合理、准确；（2）示范要有明确的目的性；（3）选择合适的位置和示范面；（4）示范的次数要适当，示范的时机要合理。

2. 答：产生错误动作的原因：（1）由于指导者对教材的钻研不透、理解不深，在讲解和示范中传授了错误的知识概念或没有抓住重点内容造成锻炼者理解上的错误；（2）练习项目的安排和指导法的选择与锻炼者的接受能力差距过大，也会造成较大范围的错误动作；（3）由于锻炼者对所学的内容缺乏明确的目的性，练习时积极性不高或难度太大、运动量太大有怕苦的情绪；（4）锻炼者在学习一个准确的动作前，多数已有部分技能迁移。

纠正错误动作的注意事项：（1）发现练习者在练习过程中有错误动作时，首先要分析其产生的原因；（2）纠正错误要抓主要矛盾；（3）纠正错误动作时，一定要视存同样错误动作的锻炼的人数来确定纠正的人数。

第八章　常用身体练习方法

一、选择题

1. 连续练习两次以上→固定间歇或自由间歇→再连续练习两次以上→这种练习方法是（　　）。
   A．持续练习法　　　　　　　　B．间歇练习法
   C．连续重复练习法　　　　　　D．变换练习法

2. 对非周期性项目的串联技术动作进行连续重复练习，也不宜超过（　　）次以上，以免负荷过大。
   A．3　　　　　B．2　　　　　C．5　　　　　D．4

3. 在连续重复练习法中，采用每组练习后固定的间歇时间（　　）分钟。
   A．2　　　　　B．4　　　　　C．5　　　　　D．3

4. 持续练习法的运动时间较长，一般至少（　　）分钟。
   A．20～30　　　B．30～40　　　C．40～50　　　D．50 以上

5. 持续练习法的运动时间较长，心率控制在（　　）次/分。
   A．90～100　　　B．100～170　　　C．120～150　　　D．130～170

6. 老年人一次持续锻炼时间一般不要超过（　　）小时。
   A．0.5　　　　　B．1　　　　　C．1.5　　　　　D．2

7. 间歇练习法在提高运动成绩为目标的训练中，间歇期间心率大多数恢复到（　　）次/分时就进行第二组训练。
   A．120～140　　　B．100～170　　　C．120～130　　　D．120～170

8. 体质状况一般的人及老年人，持续练习时间不宜过长，可以从每次（　　）分钟开始。
   A．20～30　　　B．15～20　　　C．30～40　　　D．10～20

二、是非题

1. 连续重复练习法有明确的时间规定。　　　　　　　　　　　　　　（　　）

2. 单个动作强度大的练习，其重复练习次数与持续时间相对较大。　　（　　）

3. 在连续重复练习法中，采用每组练习后以练习者心率恢复到 90～100 次/分继续练习。　　　　　　　　　　　　　　　　　　　　　　　　　　（　　）

4. 持续练习法，属于有氧锻炼方法之一。　　　　　　　　　　　　　（　　）

5. 变换练习法有助于推迟或减轻运动疲劳，活跃锻炼气氛。　　　　　（　　）

6. 对大多数人来说较易适应的是运动器械。　　　　　　　　　　　　（　　）

三、简答题

1. 何谓重复练习法及它的特点和作用是什么？
2. 什么是变换练习法？变换练习法的要求是什么？
3. 简述单次练习与间歇交替重复练习法的特点。

四、论述题

1. 论述持续练习法的特点及运用要求。
2. 什么是间歇练习法？说明间歇练习法的特点及运用要求。

参考答案：

一、选择题

1. C 2. A 3. D 4. A 5. A 6. C 7. A 8. B

二、是非题

1. × 2. × 3. √ 4. √ 5. √ 6. ×

三、简答题

1. 答：重复练习法是指根据具体任务的需要，在相对固定的条件下反复练习同一内容的方法。

练习法的特点：（1）相对固定的练习条件；（2）反复练习同一锻炼内容（动作或项目）；（3）练习的间歇时间无严格规定。

练习法的作用：（1）有利于练习者在反复练习中，逐渐掌握和巩固动作技能；（2）有利于在多次练习中培养练习者的体育兴趣和习惯；（3）适合于不同年龄、性别和体育基础的人，合理安排运动负荷。

2. 答：变换练习法是指在变换锻炼的各种环境条件下进行身体练习的方法（在大众健身活动中，变换练习法是比较受欢迎的锻炼方法）。

变换练习法的要求：（1）不断变换练习者的环境与条件，能激发练习者的练习兴趣和积极性；（2）能提高练习者中枢神经系统的灵活性及对个器官系统的协调能力，增强练习者在练习中的协调性和适应能力；（3）有助于推迟或减轻运动疲劳，活跃锻炼气氛。

3. 答：（1）练习的持续时间比较短，练习数量少；（2）练习密度小，间歇可固定或不固定，可推迟疲劳产生；（3）对初学阶段较适合，有利于指导者及时指导总结，也有利于练习者集中注意力体会动作。

四、论述题

1. 答：持续练习法是指在较长的时间内，练习者用不大的练习强度持续不间断地进行身体锻炼的方法。

持续练习法的特点：（1）连续不间断运动时间较长；（2）锻炼过程中一般无间歇时

间，练习密度较大，对身体的持续锻炼作用较大，锻炼收益较高；（3）这种练习法主要用于增强练习者的体力，发展一般耐力，提高有氧代谢能力；（4）锻炼过程中，从实际出发，根据练习者的体质基础和运动反应，可以及时调整强度和运动形式。

持续练习法的运用要求：（1）选择锻炼的项目手段要适合于锻炼者的年龄.生理特点和体质基础；（2）体质状况一般或初次参加锻炼的人及老年人不宜过长，可以从每次15～20分钟左右开始；（3）中老年人用持续练习法锻炼身体时，可根据自己在练习中的体力状况，及时调整运动强大和练习方式。

2. 答：间歇练习法是指在任意两次（组）练习之间，有严格的间歇时间规定；使锻炼者在间歇时得到必要休息和一定恢复，然后再进行下一次（组）练习的方法。

间歇练习法的特点：（1）严格规定两次（组）练习之间的间歇时间，以控制下一次（组）练习开始时机体恢复的程度；（2）练习者的身体机能未完全恢复，就继续进行下一次（组）练习；（3）能有效提高人体的机能能力和练习效果，特别是心肺功能和一般耐力。

间歇练习法的运用要求：（1）合理确定间歇时间，一般要考虑负荷强度和练习者已具有的体育基础与体质状况；（2）在间歇时间内，以积极性休息为主；（3）注重科学指导与科学锻炼；（4）鉴于间歇练习法的基本特点和作用，应将其主要用于周期性项目的锻炼中，也可用于非周期性项目。

第九章 常用体育健身器械

一、选择题

1. 哑铃两个铁球（木球、塑料球）之间的铁棒（木棒、塑料棒）长度为_____。
   A. 10cm　　B. 11cm　　C. 12cm　　D. 13cm
2. 国际标准杠铃要求两个内卡箍之间的距离为_____。
   A. 1m　　B. 1.31m　　C. 1.5m　　D. 1.8m
3. 国际标准杠铃卡箍每个重_____。
   A. 1.5kg　　B. 2kg　　C. 2.5kg　　D. 3kg
4. 国际标准杠铃片重量和颜色规定：杠铃片分为25kg（红）、20kg（蓝）、15kg（黄）、10kg（绿）、5kg（白）、2.5kg（黑）、1.25kg（____）。
   A. 黑　　B. 橙　　C. 紫　　D. 绿
5. 自1996年起，国家体育总局决定把体育彩票公益金的_____用于实施全民健身计划。
   A. 40%　　B. 50%　　C. 60%　　D. 70%
6. _____年，全国第一条"全民健身路径"在广州市天河体育中心建成。

  A. 1994   B. 1995   C. 1996   D. 1997

7. 通常，一条健身路径由_____种器材组合构成。

  A. 8～10   B. 9～12   C. 10～15   D. 12～18

8. 以发展肌肉力量、增强体力为锻炼目的的练习，大肌肉群每组次数应在_____次。

  A. 3～5   B. 5～7   C. 7～9   D. 8～12

9. 以发展肌肉力量、增强体力为锻炼目的的练习，小肌肉群每组次数应在_____次。

  A. 7～10   B. 8～15   C. 12～18   D. 18～22

10. 以消除多余脂肪、增长肌肉弹性为锻炼目的的练习，大肌肉群每组次数应在_____次。

  A. 15～20   B. 18～22   C. 20～25   D. 25～30

11. 以消除多余脂肪、增长肌肉弹性为锻炼目的的练习，小肌肉群每组次数应在_____次。

  A. 15～20   B. 18～22   C. 20～25   D. 25～30

12. 以减肥为主要锻炼目的的练习，大肌肉群每组次数应在_____次。

  A. 25～30   B. 30～35   C. 35～40   D. 40～45

13. 以减肥为主要锻炼目的的练习，小肌肉群每组次数应在_____次。

  A. 20～30   B. 30～40   C. 40～50   D. 50～60

14. 进行健身器械练习，一般以每周锻炼_____或隔天训练为好。

  A. 1～2天   B. 2～3天   C. 3～4天   D. 4～5天

15. 进行有氧健身器械的锻炼，可每天坚持，时间保持在_____分钟以上即可。

  A. 15   B. 20   C. 25   D. 30

二、是非题

1. 系统、科学和持久的体育健身器械锻炼，不仅能够增进练习者健康、改善练习者体形，而且能够陶冶练习者的情操。 （ ）

2. 一个人的内在形体主要由肌肉、骨骼及关节、韧带等组成，这也是人体的运动器官。 （ ）

3. 哑铃全部是用金属材料加工成的。 （ ）

4. 壶铃大都是用金属或非金属材料加工成的。 （ ）

5. 滑轮配重拉力器这类练习器能适合于广大健身健美锻炼者。 （ ）

6. 专项力量练习系列器械只能进行肌肉力量练习。 （ ）

7. "固定健身自行车"是即将被淘汰的一种室内健身器械。 （ ）

8. "全民健身路径"是我国体育事业发展中的一个新生事物。 （ ）

9. "全民健身路径"是一种集娱乐性、趣味性、科学性健身于一体的多功能健身路

径。 （ ）

10. 运动负荷安排的总体趋势是由大到小逐步降低。 （ ）

11. 任何一个练习计划都不是一成不变的，练习者的身体状况以及工作环境、季节气候等因素的变化，都会影响到计划的实施。 （ ）

12. 老年人适宜选择功能多、动作幅度较大、动作速度较快的全身性健身器械。

（ ）

13. 同一种方法，练习次数和练习重量不同，所达到的效果也不一样。 （ ）

14. 练习次数与练习重量无关。 （ ）

15. 练习过程中，技术动作的正确与否直接影响到锻炼的效果。 （ ）

三、简答题

1. 何为健身器械？

2. 体育健身器械主要分哪几类？

3. 运用健身器械进行练习的主要目的、作用与意义是什么？

4. 健身器械练习特点有哪些？

5. 专项力量练习器械主要包括哪些？这类体育健身器械的主要特点和功能是什么？

四、论述题

1. "全民健身路径"的分类及科学锻炼原则是什么？

2. 健身器械的练习原则和要求有哪些？进行健身器械练习时应注意哪些事项？

参考答案：

一、选择题

1. C 2. B 3. C 4. A 5. C 6. D 7. C 8. D

9. B 10. A 11. C 12. A 13. B 14. C 15. D

二、是非题

1. √ 2. × 3. × 4. × 5. √ 6. × 7. × 8. √

9. √ 10. × 11. √ 12. × 13. √ 14. × 15. √

三、简答题

1. 答：体育健身器械是依据人体解剖、生理特点，针对个人的形态及健康状况，遵循科学健身、健美原理，以达到增进健康、发达肌肉、增强体力、促进发育、改善形体和陶冶情操等目的的进行锻炼活动时所运用的专门的练习器械。

2. 答：（1）按功能可划分为单功能健身器械和多功能健身器械；（2）按用途可划分为家用健身器械和专业训练健身器械；（3）按对身体的锻炼部位可划分为全身性健身器械和局部性健身器械；（4）按大小可划分为小型健身器械和大型综合性健身器械。

3. 答：（1）发达肌肉，增长力量，塑造形体；（2）促进青少年身体的正常发育；

（3）延缓衰老，提高抵御伤害事故发生的能力；（4）培养坚毅的品质和适应社会的能力，改善人的心理健康。

4. 答：（1）专门性；（2）多样性；（3）安全性；（4）实用性。

5. 答：这类健身的特点是练习动作主要模拟了划船、骑车、跑步、骑马等运动项目主要技术动作特点，有针对性的加强完成这些动作所需的肌肉的力量。主要包括：健身车、跑步机、划船器、台阶器、健骑机、漫步机。

四、论述题

1. 答："全民健身路径"器材品种的搭配可以根据使用群体的不同而进行选择和分类，一般可分为：（1）以趣味性、娱乐性为主的儿童健身路径；（2）以氧运动器材为主的中、老年健身路径；（3）以力量训练器材为主的青、少年健身路径；（4）通用性器材较多的大众健身路径。在"全民健身路径"中进行组合练习的基本原则是：（1）先进行柔韧练习，再进行力量练习；（2）先进行力量练习，再进行耐力练习；（3）先进行轻阻力、小负荷练习，后进行大阻力、大负荷练习。

2. 答：健身器械练习的原则和要求：（1）循序渐进；（2）持之以恒；（3）合理安排运动负荷；（4）专门性与均衡发展。进行器械练习时应当注意：（1）动作规格和身体姿势；（2）预防创伤发生。

第十章　人体的测量与评价

一、选择题

1. 身高在一天内有所变动，（　　）时最高。
   A. 清晨起床时　　B. 上午　　　　C. 下午　　　　D. 夜晚

2. 小学生的耐力评定常采用（　　）。
   A. 400m 跑　　　B. 800m 跑　　 C. 1500m 跑　　D. 3000m 跑

3. 中学生的耐力评定常采用（　　）。
   A. 400m 跑　　　B. 800m 跑　　 C. 1500m 跑　　D. 3000m 跑

4. 人体横向发育的重要指标是（　　）。
   A. 身高　　　　　B. 体重　　　　C. 腰围　　　　D. 胸围

5. （　　）不属于机能评定指标。
   A. 肺活量　　　　B. 安静脉率　　C. 血压　　　　D. 肩宽

6. 发展腹肌力量可采用（　　）。
   A. 负重仰卧起坐　B. 屈膝仰卧起坐 C. 俯卧撑　　　D. 引体向上

7. 最大心率推算公式为（　　）。
   A. 200－年龄　　 B. 220－年龄　　C. 180－年龄　　D. 220＋年龄

8. 静息心率正常范围是（　　）次/分。

　　A. 60～80　　　　　　B. 50～60　　　　　C. 低于 60　　　　D. 高于 100

9. 心率最常用的测量部位是（　　）.

　　A. 颈动脉　　　　　B. 颞动脉　　　　　C. 肱动脉　　　　D. 桡动脉

10. 最大摄氧量可用来测评（　　）机能。

　　A. 呼吸系统　　　　B. 心血管系统　　C. 运动系统　　　D. 循环系统

二、是非题

1. 身高是反映人体骨骼发育状况和身体纵向发育水平的重要指标。　　　　　（　　）

2. 骨盆宽是指两髂前上棘间的距离。　　　　　　　　　　　　　　　　　（　　）

3. 可采用纵跳、立定跳远、推实心球测量爆发力。　　　　　　　　　　　（　　）

4. 屈膝仰卧起坐可评价腹肌耐力。　　　　　　　　　　　　　　　　　　（　　）

5. 身体素质包括力量、速度、耐力、柔韧度和协调性。　　　　　　　　　（　　）

6. 呼吸机能的测评指标有心率、肺活量。　　　　　　　　　　　　　　　（　　）

7. 主要体格测量指标有长度、体重、围度与宽度。　　　　　　　　　　　（　　）

8. 脉搏是心血管机能测评的简易方法。　　　　　　　　　　　　　　　　（　　）

9. 立定跳远可用于测定下肢爆发力。　　　　　　　　　　　　　　　　　（　　）

10. 引体向上可测量学生上肢和肩带的肌肉力量和肌肉耐力。　　　　　　　（　　）

三、简答题

简述常用的体格测量指数。

参考答案：

一、选择题

1. A　2. A　3. B　4. B　5. D　6. A　7. B　8. A　9. D　10. A

二、是非题

1. √　2. ×　3. √　4. √　5. ×　6. ×　7. √　8. √　9. √　10. √

三、简答题

答：（1）身高体重指数；（2）身高胸围指数；（3）身高坐高指数；

（4）腰臀比指数；（5）肩宽—骨盆宽指数。

第十一章 体育活动的医务监督

一、选择题

1. 自我监督中主观感觉的内容不包括（ ）。

    A. 食欲　　　　　　B. 排汗量　　　　C. 运动成绩　　　D. 运动心情

2. 运动训练期间锻炼者应每天测量晨脉，如（ ）情况下表明其机能不良。

    A. 晨脉稍减少　　　　　　　　　　B. 晨脉比平时增加 6 次/分

    C. 晨脉比平时增加 10 次/分　　　　D. 晨脉比平时增加 12 次/分或以上

3. 自我监督包括主观感觉与客观检查，下面的（ ）是客观检查内容。

    A. 睡眠　　　　　　B. 体重　　　　　C. 食欲　　　　　D 运动心情

4. 某中年男性参加长跑锻炼四周后，体重下降了 2kg，应考虑是（ ）。

    A. 正常反应　　　B. 运动量过大　　C. 过度训练　　　D. 患病

5. 有关运动性腹痛的叙述，以下哪项不正确？（ ）

    A. 大多数安静时不痛，运动时才痛　　B. 疼痛程度与运动量成正比

    C. 疼痛与锻炼中饮水不当有关　　　　D. 与做准备活动的充分程度成反比

6. 下列各项中，不是引起运动性腹痛原因之一是（ ）。

    A. 胃肠痉挛　　　B. 肝脾淤血　　　C. 呼吸肌痉挛　　D. 阑尾炎

7. 下列不符合晨间锻炼的一般卫生要求的是（ ）。

    A. 运动量不宜过大，以身体发热、出汗为准

    B. 时间控制在 30～60min 为宜

    C. 早晨跑步，脉率可控制在 150 次/分以上

    D. 早晨选择运动项目一般以广播体操、柔韧性练习、慢跑、气功、太极拳等
       为主

8. 减体重时常采用心率作为掌握运动强度的标准。有利于脂肪氧化的运动强度的心率，应为最大心率的（ ）。

    A. 80%～90%　　B. 70%～80%　　C. 60%～70%　　D. 50%～60%

9. 下面哪组不是体育活动的禁忌证（ ）。

    A. 体温升高的急性疾病，如感冒、喉炎等

    B. 各种内脏疾病（如心、肺、肾、肝、胃、肠等）的急性期

    C. 有出血倾向的疾病。如肺结核屡次咯血、伤后不久有出血危险、消化道出
       血不久等

    D. 月经期

10. 运动性疾病指的是由于（ ）造成体内功能紊乱而出现的异常症状或疾病。

A. 体育运动的安排不当　　　B. 运动器官出现异常

C. 身体发育不完善　　　D. 营养不良

二、是非题

1. 维生素 C 能有效地减轻或消除体育运动后疲劳。　　　（　　）

2. 充足的睡眠是消除疲劳的基本方法之一，是必不可少的体力恢复过程。成年人每天的睡眠时间应有 8～9 小时。　　　（　　）

3. 若晨脉比过去明显增加，且长期恢复不到原来的水平，就表明机体反应不良，可能是早期过度疲劳的表现。　　　（　　）

4. 温水浴的水温一般为 40℃±2℃ 左右，每次大约 10～15min，勿超过 20min。

（　　）

5. 体育卫生包括锻炼卫生、个人卫生、场地卫生和医院身体检查。　　　（　　）

6. 引起运动损伤的直接原因是运动前准备活动不充分。　　　（　　）

7. 随着训练水平的不断提高，等量运动后的排汗量应逐步减少。　　　（　　）

8. 体育活动的禁忌证有化脓性疾病、感染性疾病、月经期、患恶性肿瘤（防止转移）。　　　（　　）

9. 运动强度相当于最大吸氧量的 50％～55％ 的强度，有利于脂肪氧化。　　　（　　）

10. 肌肉、骨骼和内脏等组织的重量称瘦体重。　　　（　　）

三、简答题

1. 体育活动的禁忌征有哪些？

2. 简述健身锻炼卫生的原则。

3. 自我身体检查包括哪些内容？

四、论述题

试述消除疲劳的方法。

参考答案：

一、选择题

1. C　2. D　3. B　4. A　5. D　6. D　7. C　8. C　9. D　10. A

二、是非题

1. √　2. √　3. √　4. ×　5. ×　6. √　7. √　8. ×　9. √　10. √

三、简答题

1. 答：（1）引起发热的各种急性病症；（2）各种内脏疾病的急性阶段；（3）有出血倾向的各种疾病；（4）恶性肿瘤发生转移后；（5）慢性疾病；（6）其他。

2. 答：（1）循序渐进原则；（2）系统性原则；（3）全面性原则；（4）区别对待

原则。

3. 答：（1）主观感觉：自我感觉、锻炼后的睡眠状况、饮食状态等。（2）客观检查：锻炼者的脉搏、体重。

四、论述题

答：（1）整理活动。包括慢跑、呼吸体操及各肌群的伸展练习。

（2）睡眠。成年人每天应有 8～9 小时的睡眠。

（3）温水浴。水温一般为 42℃±2℃左右，每次大约 10～15 分，勿超过 20 分。

（4）按摩。

（5）理疗。可用光疗、蜡疗、电疗等作用于局部或整体。

（6）营养。锻炼后应及时补充糖、VC、VB1、水等。

附加 4：学生对大众游泳课程评价

学生对大众
游泳课程评价

严强：

　　大众游泳是中国第一部、内容最全、最广、最丰富的一门以大众游泳知识普及为核心的网络课程。本课程团队旨在让更多的社会大众能够安全、快速、有效、快乐地学会游泳这项生存技能，同时对其他水中运动项目有一定的了解，丰富大众文化生活；力求为各学校开展实施游泳课程提供一些素材与借鉴，普及游泳这项基本生存技能，让更多的人从中获益，珍爱生命，远离溺水。

夏戈：

　　大众游泳是一门目前内容最全、最广、最丰富，以大众游泳知识普及为核心的网络课程。大众游泳 MOOC 课程主要涵盖以下章节内容：游泳基本技术、游泳裁判、水中救生、游泳运动防护以及游泳体能训练等。该课程采用多媒体辅助教学方式，制作的电子教案详略得当，课程知识结构特点重点突出，层次分明，使学习者依靠它能及时跟上课堂的节奏。课程老师教学经验丰富，语言生动有趣，表达清楚，能有效调动学习者兴趣。本课程学习方式以理论和实际相结合，通过例题使知识更条理化，为广大游泳爱好者乃至水中运动项目爱好者提供一个互相学习、共同进步、交流与沟通的平台，使更多的社会大众能够安全、科学、快乐地学习游泳，同时享受其他水中运动项目带来的乐趣。

高源：

　　大众游泳课程作为一门以大众游泳知识的普及为核心的网络课程，有着真人出镜拍摄、团队经验丰富、线上互动答疑等特点。游泳课程的内容设置丰富，教师团队对知识点的细致讲解，营造出了良好的师生互动氛围。此课程让广大游泳爱好者快速、高效、科学地学习游泳技能的同时，也能够对其他水中项目拥有一定的了解。总体来说，大众游泳课程为广大游泳爱好者相互学习、相互交流、共同进步提供了崭新的平台。

王丽萍：

大众游泳课程主要涵盖的内容多，教学内容由点到面，教学思路清晰，实现了老师和学生更好的交流，设计有层次，有深度，特别是反馈形式多样。

大众游泳线上教学也在学生实践课实际操作过程中起到了较大的指导作用。

本课程准备得很精心，语言表达和课程设计都很出色，课堂容量大，结构紧凑，导入部分非常好，能激发学生兴趣，也紧扣本课主题。课堂组织有条理，思路清晰，语言自然，让人有如沐春风的感觉。总的来说，这门课很不错。

曾秋焰：

大众游泳这门课程为学生提供了更加便捷的学习方式去了解学习游泳和救生方面的相关知识，为老师提供了更加方便的平台去传道受业解惑，也顺应了时代发展潮流，顺应了网络课程的发展。同时课程中详细的讲解示范以及由浅入深的安排，能够对大众游泳技能的学习起到非常好的指导作用。

陈远秀：

大家好，我是四川师范大学体育学院研三的学生。大众游泳这样一门线上教学课程，我觉得对于初学者来说是一门容易接受，学习基础动作的必修课程。这门课程通过视频展示、PPT授课、课后讨论等形式进行，不仅能直观地让我们正确学习游泳动作，还能通过课后讨论及时解决问题。同时，线上教学也教会了我身体素质锻炼的方法与原则，理论与实践相互结合，使我的印象更加深刻。

张兆坤：

大众游泳MOOC课程内容丰富，教学内容全面，教学思路清晰，在达成师生间形成良好交流的同时，仍保持高水平设计层次与课程深度。多种形式反馈也令人印象深刻。大众游泳线上教学对学生在实践课实际操作过程中起到了较为关键的指导作用。本授课准备精心，教师语言表达与课程设计出色，整体课堂内容设计巧妙，可使学生顺利达成教学目标。导入部分亦能引起学生对于游泳学习的兴趣，并且思路清晰，语言自然。总的来说，此课程令人在游泳学习方面受益良多。

主要参考文献

[1] 梅雪雄. 游泳（第 4 版）[M]. 北京：高等教育出版社，2016.

[2] 丛宁丽. 游泳 step 教法 [M]. 北京：人民体育出版社，2014.

[3] [英] G. 约翰·穆伦. 游泳科学：优化水中运动表现的技术、体能、营养和康复指导 [M]. 王雄，韩照枝，周起彦，译. 北京：人民邮电出版社，2020.

[4] 国家体育总局职业技能鉴定中心，中国救生协会. 游泳救生员：游泳池救生 [M]. 北京：高等教育出版社，2012.

[5] 中国游泳协会裁判委员会. 游泳竞赛组织与裁判法 [M]. 北京：人民体育出版社，2005.

[6] 温宇红. 水中健身理论与实践 [M]. 北京：北京体育大学出版社，2018.

[7] 侯晓晖，王坤. 水中运动疗法手册 [M]. 北京：华夏出版社，2017.

[8] 尹默林，王永，林仪煌，蜀琳琳. 游泳运动与水中健身 [M]. 上海：上海大学出版社，2013.

[9] 国家体育总局职业技能鉴定指导中心. 游泳（第 3 版）[M]. 北京：高等教育出版社，2022.

[10] 王九莉. 花样游泳项目特点及身体训练原则 [J]. 游泳，2010.

[11] 张莉清，刘大庆，李建，史欣，宋子玉. 花样游泳项目专项特点的研究 [J]. 北京体育大学学报，2013.

[12] 温一静. 奥林匹克花样游泳 [M]. 北京：人民体育出版社，2007.

[13] [德] Uwe Legahn. 如居水中 [M]. 龙格新子游泳俱乐部，译. 北京：中国劳动社会保障出版社，2015.

[14] [德] 丽莉·海伦特. 幼儿学游泳 [M]. 许强，林艳，译. 北京：人民体育出版社，2015.

[15] 孙忠利，袁东. 潜水运动基础 [M]. 北京：人民体育出版社，2018.

[16] [美] 若奥·德·马科多. 冲浪运动从入门到精通（全彩图解版）[M]. 李怡，译. 北京：人民邮电出版社，2016.

[17] [美] 詹姆斯·贝金赛尔. 铁人三项训练全书 [M]. 胡适，徐红，译. 北京：

电子工业出版社，2019.

［18］［美］美国铁人三项协会. 铁人三项运动全书［M］. 吴凌云，高胜寒，译. 北京：人民邮电出版社，2019.

［19］［美］乔·弗里尔. 铁人三项训练宝典（第4版）［M］. 李天，郑艺，译. 北京：人民邮电出版社，2021.

［20］刘华山，郑家润. 龙舟技术与训练［M］. 北京：北京体育大学出版社，2002.

［21］［美］玛利亚·A. 斯帕诺，劳拉·J. 克鲁斯卡，特拉维斯·托马斯. 运动营养全书（全彩图解版）［M］. 张雪峰，汪婧琪，译. 北京：人民邮电出版社，2020.

［22］常翠青. 运动与营养［M］. 北京：新华出版社，2009.

［23］张钧，张蕴琨. 运动营养学［M］. 北京：高等教育出版社，2010.

［24］杨则宜，孙凤华. 健康青少年运动营养指南［M］. 北京：人民体育出版社，2008.

［25］张婕. 高水平运动员赛前膳食营养的运用［J］. 当代体育科技，2014.

［26］国家体育总局训练局国家队体能训练中心. 身体功能训练动作手册［M］. 北京：人民体育出版社，2017.

鸣　谢

这本《大众游泳》能够顺利完成，要感谢樊维导师对大众游泳线上课程设计的帮助及推荐的各个水上项目主讲老师，他们是成都体育学院蓝怡老师、李舒薇老师，四川体育职业学院何娅老师，成都市潜水运动协会周光耀老师，成都梵睿亲子游泳俱乐部蒋承艺老师，带你玩俱乐部邱兴老师，全球铁三胡春煦老师，成都巴布游泳 & 水下曲棍球俱乐部王一森老师，成都文理学院孟祥龙老师，成都优动休育文化传播有限公司张恒君老师及同事李凌老师、黄泽江老师、王波老师、邢崇智老师，有以上老师支持才保证了视频拍摄完整性。

感谢四川师范人学教务处和体育学院各级领导的支持！

感谢四川师范大学体育学院游泳馆全体工作人员的支持！

感谢参与《大众游泳》各个章节的老师的支持！他们是张韧仁、杨成伟、李凌、邢崇智、黄泽江、王波、樊维、蓝怡、李舒薇、何娅、孟祥龙、丁志鹏、周光耀、蒋承艺、邱兴、胡春煦、王一森、张恒君等。

感谢对本书前期创意、编写、拍摄给予热情支持和辛苦付出的所有学生！他们是沈林松、熊若熙、汪磊、冯靖博、陈静怡、严强、夏戈、王丽萍、曾秋焰、高源、陈远秀、张兆坤、张鸿宇、付鹏、严镓昊等。此外，本书视频模特 2017 级学生及研究生——熊若熙、冯靖博、汪磊、吴梦瑶、谭文一为拍摄本书动作视频付出了大量的时间、精力和体力，在此一并表示谢意！